Klabund

Der Kreidekreis

Spiel in fünf Akten
nach dem Chinesischen

Klabund: Der Kreidekreis. Spiel in fünf Akten nach dem Chinesischen

Erstdruck: Berlin (J.M. Spaeth) 1925.

Neuausgabe mit einer Biographie des Autors
Herausgegeben von Karl-Maria Guth
Berlin 2017

Der Text dieser Ausgabe folgt:
Klabund: Der himmlische Vagant. Eine Auswahl aus dem Werk.
Herausgegeben und mit einem Vorwort von Marianne Kesting, Köln:
Kiepenheuer & Witsch, 1968.

Die Paginierung obiger Ausgabe wird hier als Marginalie zeilengenau
mitgeführt.

Umschlaggestaltung von Thomas Schultz-Overhage unter Verwendung
des Bildes: Robert Henri, Chinesin mit Fächer, 1914

Gesetzt aus der Minion Pro, 11 pt

Verlag: Henricus - Edition Deutsche Klassik GmbH
Mörchinger Str. 33, 14169 Berlin, info@henricus-verlag.de
Druck: Libri Plureos GmbH, Friedensallee 273, 22763 Hamburg

Die Ausgaben der Sammlung Hofenberg basieren auf zuverlässigen
Textgrundlagen. Die Seitenkonkordanz zu anerkannten Studienausgaben
machen Hofenbergtexte auch in wissenschaftlichem Zusammenhang
zitierfähig.

ISBN 978-3-7437-0413-8

Bibliografische Information der Deutschen Nationalbibliothek

Die Deutsche Nationalbibliothek verzeichnet diese Publikation in der
Deutschen Nationalbibliografie; detaillierte bibliografische Daten sind
im Internet über www.dnb.de abrufbar.

Figuren

Tschang-Haitang.

Frau Tschang, ihre Mutter.

Tschang-Ling, ihr Bruder.

Tong, ein Kuppler.

Pao, ein Prinz.

Ma, ein Mandarin.

Yü-Pei, seine Gattin ersten Ranges.

Tschao, Sekretär beim Gericht.

Tschu-Tschu, Oberrichter.

Eine Hebamme

Zwei Kulis

Gerichtspersonen

Polizisten

Soldaten

Ein Wirt

Blumenmädchen

Ein Dichter

Zeremonienmeister

Ein Kind.

Orte der Handlung

1. Akt: Teehaus.

2. Akt: Garten und Veranda bei Ma.

3. Akt: Gerichtssaal.

4. Akt: Schneesturmlandschaft.

5. Akt: Kaiserpalast. 462

Erster Akt

Das Innere eines Teehauses. Hintergrund Mitte: schwarzer Papierparavent, hinter dem die handelnden Personen hervortreten. Links und rechts schwarze, mit weißen Emblemen, Blumen, Vögeln bestickte Vorhänge. Wenn der große Vorhang sich hebt, ertönt schwermütige Musik von Gong, Flöte und Kin einer Art Geige. Tong, der Besitzer des Teehauses, ein fetter Eunuch, watschelt hinter dem Paravent hervor.

TONG. Ich bitte untertänigst, mich vorstellen zu dürfen. Mein Name, der Name eines niedrigen und verachteten Geschlechtes, lautet Tong. Das klingt, wie wenn man leise ein mißgestimmtes Gong anschlägt. Ich bin der Besitzer dieses *Runde Geste.* zwar bescheiden anmutenden, aber erstklassigen Etablissements. Geschmack und feinere Lebensart, den adligsten Geschlechtern abgelauscht, verbieten mir aufdringliche Anpreisung oder robustere Reklame. Das Zeichen meines Hauses ist ein weißer Reiher auf schwarzem Grunde – sonst nichts. Ich habe keine Schlepper an den Hauptplätzen der Stadt stehen, ich verteile keine Handzettel mit diskreten Hinweisen, und mit der Polizei bin ich im besten Einvernehmen. Der Herr Polizeipräsident läßt sich zuweilen herab, mich zu beehren. Wer von mir weiß, der weiß mich zu finden. Übrigens gewähre ich nur Damen von bestem Leumund und feinsten Manieren Unterkunft unter meinem Dach. Meiner erlauchten Kundschaft darf ich nur das Beste vom Besten bieten. Hören Sie die Musik? Ich hoffe nicht, daß sie Ihre Ohren beleidigt. Ich habe mein möglichstes getan, die Damen in der kunstvollen Handhabung der Instrumente zu unterweisen. Meine drei Damen spielen die Serenade des Frühlings. Yo bläst die Flöte, Yu streicht die Geige, Yau schlägt das Gong. *Er zieht die Vorhänge im Hintergrund zurück. In drei Käfigen sitzen drei schöne Mädchen und spielen die Instrumente. Ein vierter Käfig ist leer. Die eine singt.*

Allen Männern zu gefallen
Bin in Taumel ich und Tand.
Wenn sie ihre Wünsche lallen,
Sitz ich in mich abgewandt.
Geben Gold und geben Speise,

Keiner gab ein gutes Wort.
Und so wein ich wild und leise
Meine süße Sehnsucht fort.
Gestern trieb nun das Gelüste
Einen Jüngling zu mir her,
Der mich auf die Stirne küßte –
Ach, ich sehe ihn nicht mehr.

TONG *zieht die Vorhänge wieder zu.* Es ist eine eigne Kunst, seiner Schwermut den entsprechenden künstlerischen Ausdruck zu geben. Vor den großen Dichtern der Nation kann eine junge Dame mit ihren bescheidenen Reimübungen natürlich nicht bestehen. Aber sie muß gelernt haben, sich wenigstens einigermaßen zierlich in Versen auszudrücken. Denn Verse machen und Liebe machen: geht es nicht auf dasselbe seelische Grundgefühl zurück? – Wissen Sie, woran das Gong mich immer erinnert? An eine Hinrichtung. Ich war in meinem früheren Beruf, Sie werden es mir kaum glauben, und dennoch ist es lautere Wahrheit, ich war früher Henker. Damals habe ich den Männern den Kopf abgeschlagen, jetzt verdrehe ich ihnen nur den Kopf mit Hilfe meiner Blumenmädchen. Um nicht selber in Versuchung zu fallen und mein Geschäft durch unschickliche Handlungen zu stören und zu beeinträchtigen, beispielsweise etwa die Eifersucht meiner Herren Klienten zu erregen, habe ich in meiner Selbstbescheidung freiwillig auf die Attribute der Männlichkeit verzichtet. Ich habe mich seinerzeit einer kleinen Operation unterzogen; so stehe ich zwischen Mann und Weib, keines von beiden, und also zur Mittlertätigkeit berufen und auserwählt. – Meine Schwester naht, die Dämmerung, die gewiegte Kupplerin von alters her. Ich höre Schritte die Gasse herauf.

Hinter dem Paravent hervor treten Frau Tschang und Haitang, ihre Tochter; beide in Trauer. Die Musik verstummt.

HAITANG. Mein Name ist Haitang. Ich bin die Tochter dieser ehrwürdigen Dame, Frau Tschang geheißen. Ich bin sechzehn Jahre alt. Sechzehn Jahre jung. Ich habe viel erlitten. Ich werde noch mehr erleiden. Viel Schmerz. Ein wenig Glück. Rote Abendwolken nach einem düsteren Gewittertag. Es ist das Leben.

TONG. Ich bin der demütige Diener der hochachtbaren Damen. Darf ich, ohne vorlaut zu erscheinen, meine Verwunderung und zugleich auch mein tiefes Bedauern bezeugen, die Damen in Trauerkleidung dies Haus der Freude betreten zu sehen? Ist kürzlich ein Todesfall in Ihrer nächsten Verwandtschaft vorgefallen, so bitte ich, mein innigstes Beileid nachsichtig entgegennehmen zu wollen. Das nicht geheuchelte, sondern ehrlich empfundene und ehrlich mitgeteilte Mitgefühl eines Mitmenschen träufelt Balsam auf Qual und Verzweiflung.

HAITANG. Es ist kaum eine Stunde her, daß wir den ehrwürdigen Herrn Tschang, Seidenraupenzüchter und Gemüsegärtner seines Zeichens, den Gatten dieser Dame und meinen Vater, in die Erde senkten. Ich habe mit meinen eigenen Händen die Erde für den Grabhügel aufgerissen und über dem Sarge wieder zugeworfen. Denn wir hatten kein Geld, den Totengräber zu bezahlen.

Frau Tschang schluchzt.

Ich habe ihn geliebt. Und liebe ihn nur um so inniger, da er nun bei den Ahnen weilt und seinem teuren Gedächtnis ich morgens und abends Räucherkerzen entzünden werde. Auf Blumenblättern brachte er mir die Früchte des Gartens. Er träumte den stolzen Traum meiner Erhebung aus niederer Kaste in hohen Stand. Der Traum ist ausgeträumt. Der Hochzeitskuchen bröckelt. Der Baum steht entlaubt. Durch Todesherbstlaub am Boden raschelt mein Fuß. Im Frühling war ich eine Eidechse, die lustig zwischen den Gräsern hin und her schoß.

TONG. Ist das Segelboot auch auf eine Sandbank geraten, die Winde des Schicksals werden sich erheben und es wieder auf die offene See treiben, wer weiß, wie bald. Gestatten Sie mir aber die etwas dreiste Frage: wie ist der Tod Ihres geehrten Herrn Vaters so plötzlich eingetreten? Ich erinnere mich seiner sehr wohl. Ich sah ihn vorgestern früh noch mit Melonen zum Markt eilen.

Haitang senkt das Haupt.

FAWU TSCHANG. Das Rad des Unglücks ist über uns dahingerollt. Mein treuergebener Gatte, ein ehrlicher, nüchterner, in seinem Berufe geschickter Mann, hat seinem armseligen Leben, das nur wie ein altes Kleid noch an ihm hing, selbstherrlich ein Ende gemacht.

Haitang verbirgt ihr Haupt in den Falten ihres Ärmels.

TONG. Die Dämonen der Unterwelt mögen ihm gewogen sein und der Herr der ewigen Nacht ihm ein mildes Urteil sprechen. – Darf man sich nach dem Grund seiner plötzlichen Abreise in die unteren Bezirke erkundigen?

HAITANG. Der Mandarin und Steuerpächter Ma hat uns um Hof, Haus, Geld und Gut gebracht. Es gab eine Mißernte. Viele Menschen hungerten. Herr Tschang, mein Vater, konnte seine Abgaben nicht bezahlen. Vorgestern war die Steuer fällig. Wir hatten an Wert nichts zu eigen als einen Sarg, der schon seit Jahren dem ersten Mitgliede unserer Familie, das sterben würde, bestimmt war. Herr Ma schämte sich nicht, diesen Sarg durch den Gerichtsvollzieher beschlagnahmen zu lassen. Da ging mein Vater vor das Haus des Mandarinen und erhängte sich an dem Türpfosten.

TONG. Der Mandarin Ma, ein mir wohlbekannter und in Liebesangelegenheiten freigebiger Herr, wird von der Anklage, die Ihr sehr zu schätzender Vater durch seinen Tod und noch im Tod gegen ihn erhob, nicht sehr erbaut gewesen sein. 466

FAWU TSCHANG. Das Volk hat ihm mit Steinen die Fenster eingeworfen. Die Rache der Geister wird ihn treffen. Durch alle seine Träume wird der Erhängte wandeln, bleich, die blaue Zunge wird ihm aus dem Munde hängen. Füchse und Füchsinnen werden über seinen Weg laufen, ein Wolf wird sein Blut trinken. In seinem Hirn werden tausend Fliegen schwirren. Tausend Wespen werden seine Augen stechen, daß er erblindet.

TONG. Die Dämonen des Südens mögen mich vor den Anschlägen der Dämonen des Nordens bewahren.

Leise Musik ertönt wieder.

HAITANG. Wer ist die Ursache dieser schönen Musik? Es klingt, als spiele die Göttin des Morgenrotes Harfe, und als gäbe ein Hirte mit seiner Flöte ihr Antwort: Meine Trauer beginnt in diesen Tönen zu schweben wie ein Schmetterling in der Luft.

TONG. Es sind die Bewohnerinnen dieses Hauses, die Töchter der Freude, die diese einfachen, aber edlen Melodien auf ihren Instrumenten hervorlocken wie Grillen aus ihren Löchern.

FAWU TSCHANG. Darum kam ich her, hochwohlgeborener Herr Tong, Sie zu bitten, meine Tochter Haitang als Tochter der Freude in Ihr achtbares und geachtetes Haus aufzunehmen.

TONG. Ich bin auf das höchste überrascht und bitte Sie, mich fassen zu dürfen, ehe ich zu einem Entschluß komme.

HAITANG. Ich habe mancherlei Fähigkeiten, ich weiß, sie sind noch gering; aber sie werden unter Ihrer Leitung wachsen, reifen und Früchte tragen.

FAWU TSCHANG. Herr Tong, wir sind völlig ruiniert. Wovon sollen wir leben? Wir müßten verhungern. Ich bin gezwungen, meine Tochter zu verkaufen. Auf ihre Schönheit brauche ich Sie nicht besonders hinzuweisen. Sie sind ein Frauenkenner, Herr Tong.

TONG. Sie schmeicheln und übertreiben, Frau Tschang.

FAWU TSCHANG. Ich muß meine kluge, schöne und sittsame Tochter verkaufen, Herr Tong. Und wem sollte ich sie wohl lieber anvertrauen als Ihnen, der ungeachtet seines oft angezweifelten Berufes in der Stadt im besten Leumund steht?

TONG. Ich fühle mich geehrt, daß Sie zuerst an mich denken, Frau Tschang. In der Tat ist mir die außerordentliche Schönheit Ihrer Fräulein Tochter nicht entgangen. Bei der Frühlingsfeier oder beim Laternenfest pflegen sich alle jungen Männer nach ihr umzudrehen, und niemand ist, dem ihr Anblick nicht einen wollüstig-schmerzhaften Pfeil ins Herz jage.

HAITANG. Ich spiele die Laute, die Flöte und das Instrument Kin. Das Schachspiel ist mir nicht fremd, und ich habe die Kalligraphie studiert. Ich vermag die zierlichsten Glückwunschkarten zum Neujahr und zum Geburtstag zu malen. Ich tanze und singe. Soll ich Ihnen vortanzen?

FAWU TSCHANG. Tanze, mein Kind, damit Herr Tong deine Talente schätzen lernt.

Haitang tanzt nach der Musik, die wieder auftönt, ein paar Takte und bricht, zusammen. Sie bleibt am Boden liegen.

TONG. Vortrefflich, ausgezeichnet, eine seltene Begabung, ein fast dramatisches Talent. Was ist der Preis, den Sie für das Fräulein fordern?

FAWU TSCHANG. Hundert Taels in Gold.

TONG. Hm, hm, das ist eine immerhin bedeutende Summe, auch für ein so wohlsituiertes Unternehmen wie das meinige, verehrte Frau Tschang. Das Fräulein ist schön, daran ist kein Zweifel, aber wenn meine alten Augen mich nicht täuschen, so hat sie im Nacken einen kleinen, störenden Leberfleck. Junge, verliebte Herren pflegen auf einen untadeligen Nacken viel Wert zu legen.

FAWU TSCHANG. Neunzig Taels.

TONG. Sie ist zwar klug und wohlgebildet, versteht zu tanzen, aber ihr Tanz war mir zu melancholisch – es fehlt die leicht schwebende Lustigkeit, die die Männer fortreißt.

FAWU TSCHANG. Sie ist noch unberührt, Herr Tong.

TONG. Noch unberührt? Nun, sagen wir achtzig Taels. Soll der Handel gelten?

FAWU TSCHANG. Er gilt.

TONG *abgehend*. Ich werde mir gestatten, Ihnen sofort die Summe auszuzahlen.

TSCHANG-LING *stürzt herein*. Ich habe dich, Schwester, gesucht von Straße zu Straße. Abgefallene Blütenblätter einer weißen Chrysantheme haben mir den Weg gewiesen. Hier muß ich die Blüte völlig entblättert finden.

HAITANG. Die Blüte, die ich im Gürtel trage, hat noch kein Blütenblatt verloren.

TSCHANG-LING. Ehe die Nacht um ist, wird sie welk sein.

HAITANG. Meine Pflicht als Tochter gebietet mir, für meine Mutter zu sorgen.

TSCHANG-LING. Unsere Ahnen zurück bis ins siebente Glied sind durch literarische Erfolge bis zu den höchsten Ämtern emporgestiegen.

HAITANG. Ach, bis zu dem Amt eines Gemüsegärtners und Seidenraupenzüchters. Aber dieser Gemüsegärtner war gebildeter und ein besserer Mensch als alle Gelehrten und Literaten und Mandarine erster Klasse.

TSCHANG-LING. Wie kann dein mütterliches Herz, Mutter, damit einverstanden sein, daß deine Tochter den entwürdigenden Beruf eines Teehausmädchens ergreift? Ist sie nicht auch meine Schwester, der ich doch gedenke, den Doktorgrad zu erwerben?

468

FAWU TSCHANG. Warum sorgst du, ein Mann, so wenig für deine Mutter und deine Schwester und trägst nicht einen Kesch zu unserm Lebensunterhalt bei?

HAITANG. Hast du das Buch der Sitten und Gebräuche, das Liki, vergessen? Hast du nicht in der Schule auswendig gelernt: Die Pflicht des Sohnes ist es, dafür Sorge zu tragen, daß winters und sommers die Eltern sich jeder Bequemlichkeit des Lebens erfreuen? Jeden Abend soll der Sohn selbst das Lager betten, auf dem sie ruhen, jeden Morgen beim ersten Hahnenschrei sich auf das liebevollste nach ihrem Befinden erkundigen. Er soll sie oftmals im Laufe des Tages fragen, ob sie Kälte leiden, ob die Hitze sie quäle …

FAWU TSCHANG. Es ist die Pflicht des Sohnes, die Mutter zu stützen und ihr Schirm und Schutz zu sein. Es ist seine Pflicht, die zu lieben, die von ihr geliebt, die zu ehren, die von ihr geehrt werden.

HAITANG. Sohn und Tochter sollen selbst die Hunde, Vögel und Pferde lieben, die ihre Eltern lieben.

FAWU TSCHANG. Solange die Mutter lebt, soll ohne ihre Einwilligung der Sohn sich nicht aus dem Hause entfernen.

TSCHANG-LING. Ich lächle – und lache eurer Predigt. Ihr kennt die kleinen Pflichten des Sohnes und habt sie auswendig gelernt, wie Papageien die Stimme ihres Herrn. Aber es gibt noch größere Pflichten, die ein Sohn zu erfüllen hat. Sagt nicht das Buch Haiking: Der höchste Grad der kindlichen Liebe besteht darin, nach hohen Würden zu trachten und mit dem Ruhm seines Namens die kommenden Jahrhunderte zu erschüttern, wie der Sturm die Bäume erschüttert?

FAWU TSCHANG. Strebst du vielleicht in den Schenken und Garküchen, in denen du herumlungerst, nach hohen Würden? Verluderst du nicht die paar Kesch, die du dir durch Abschreiben verdienst? Bringst du sie nicht in niedern Teehäusern unter die Mädchen? Du verkehrst mit Teehausmädchen und wagst, wenn deine Schwester den gleichen Beruf ergreift, Schmutz auf sie zu werfen?

HAITANG. Bruder, ich will versuchen, auch für deinen Lebensunterhalt mitzusorgen. Das Haus des Herrn Tong ist ein angesehenes Haus. Es beherbergt stets wohlhabende und wohlmeinende Gäste.

TSCHANG-LING. Verworfenes Geschöpf! Willst du mich zu deinem Mitschuldigen machen?

Er schlägt sie ins Gesicht.

FAWU TSCHANG. Hättest du mich geschlagen! Da ich euch gebar, bin ich an allem Unheil schuld. Hätte ich euch nie geboren, und wären doch meine Ahnen nie auf die Erde herniedergestiegen!

TSCHANG-LING. Macht den schimpflichen Handel rückgängig!

HAITANG. Der Handel ist ehrlich abgeschlossen – und ein ehrlich gegebenes Wort muß ehrlich gehalten werden. Die Wahrheit hat kein doppeltes Gesicht.

FAWU TSCHANG. Dort kommt Herr Tong mit dem Geld.

TSCHANG-LING. Ich hasse euch. Mein Name wird durch alle Gassen der Stadt gezogen werden. Ich werde durchs Examen fallen und nie ein staatliches Amt bekleiden können.

HAITANG. Ein Vogel bleibt ein Vogel, auch wenn man ihm die Flügel beschneidet.

TONG. Hier ist das Geld, gnädige Frau.

Zählt es auf; Frau Tschang will das Geld einstecken, da fährt 470 *Tschang-ling dazwischen.*

TSCHANG-LING. Achtzig Taels? Zehn für mich. – Ihr seid mich los! Ich will in diesem Fall versuchen, auch meine moralischen Anschauungen zu revidieren.

HAITANG. Armer Bruder! – Gib ihm fünfzehn Taels, Mutter. Der heilige Geist meines Vaters wird mich nicht verlassen.

Tschang-ling streicht zwanzig Taels katzenhaft ein und verschwindet.

TONG. Ein etwas sonderbarer Herr, Ihr Herr Bruder! Er war so unhöflich, sich mir nicht einmal vorzustellen. – Aber erlauben Sie mir, Ihnen den goldenen Käfig zu zeigen, in dem Sie singen und Ihr schönes Gefieder spreizen sollen. Bitte, hier.

Er zieht den Vorhang zu dem vierten leeren Käfig. Umarmung von Mutter und Tochter. Tong geleitet die Mutter hinaus. Haitang im Käfig singt.

HAITANG.
Am Ufer hinter Weiden steht das Haus,
Ein zartes Mädchen sieht zur Tür hinaus.
An der Voliere steht der Mandarin,

Ein zarter Vogel singt und hüpft darin.
Verschließ den Käfig! Hüte gut das Haus!
Sonst fliegt der Vogel in den Wald hinaus!

Pao, ein junger Prinz, betritt den Raum. Tong vor ihm her in vielen rückwärtigen Bücklingen verschwindet in der Kulisse.

PAO.

Ich bin ein Abenteurer,
Ein Trunkener dieser Welt,
Ein müder Tat Befeurer,
Ein träumerischer Held.
Ich schwinge tausend Schwerter,
Die ich dem Feinde bot,
Wie dennoch unbewehrter
Mein Herz der Liebe loht.
Ob ich den Kampf ersehne,
Die Schwerter senk ich schwer,
Bricht eine Kantilene
Singend über mich her.

Ich bin der kaiserliche Prinz Pao. Einer von den vielen kaiserlichen Prinzen. Es gibt deren so viele wie Regentropfen an einem Apriltage. Die Kaiserwahl ist eine Art Staatslotterie. Das Los entscheidet unter den Prinzen, wer als Sohn des Himmels den Drachenthron besteigen soll. Ich bin dem Ruf einer Nachtigall gefolgt. Sie sang so lockend, wie eine Nachtigall in Freiheit nicht singt. Nur gefangene und geblendete Nachtigallen singen so bezaubernd. Wo ist der Vogel, daß ich ihn fange und sein kleines Vogelherz ängstlich in meinen Händen pochen fühle? *Entdeckt Haitang.* Ich hörte eine Nachtigall, folgte ihrem Ruf und finde statt eines Vogels eine Blume. Ihr Duft verwirrt mich, sie trägt das weiße Gewand der Trauer und hält den Kelch geschlossen. Darf ich versuchen, Sie ein wenig zu erheitern und die Blüte zu öffnen?

HAITANG. Sind Sie die Sonne? Nur der Sonne neigen die Blumen sich zu.

PAO. O – weit gefehlt, daß ich eine Sonne wäre. Ich bin nicht einmal ein Stern, aber vielleicht das Kind eines Sternes und, als die Sternenmutter mich säugte, aus der Milchstraße gefallen.

13

HAITANG. Vielleicht sind Sie nur eine Sternschnuppe. Sie glänzen auf, ziehen Ihre schmale goldene Bahn, ein, zwei, drei Sekunden, und erlöschen im Dunkel wie ein Lampion, der beim Frühlingsfest ins Wasser fällt.

PAO. Ein Erlöschen mit Ihnen im Dunkel, im Tode, würde ich einem einsamen Leben in Glanz und Helligkeit vorziehen.

HAITANG. Diese bilderreichen Komplimente pflegen die jungen Herren in den Anstandsstunden von ihrem Hofmeister und Literaten zu lernen. Sie kommen von den Lippen und berühren nur leise das Ohr.

PAO. Nun, machen Sie dieses wahr. Lassen Sie meine Lippen Ihr Ohr berühren. Ich will Ihnen etwas zuhauchen, was man mit Worten nicht sagen kann.

472

HAITANG. Aus einem Hauch wird leicht ein Wind, und aus einem Wind ein Sturm. Denken Sie einmal nach, ob Sie nicht aussprechen können, was Sie dachten.

PAO. Ich dachte nichts. Ich fühlte alles.

HAITANG. Ein Gefühl ist ein Nachtschmetterling. Wie wollen Sie ihn bei Tage fangen?

PAO. Schwingen Sie den Käscher, schöne Freundin!

HAITANG. Ich bin kein Gelehrter, kein Zoologe und fange keine Schmetterlinge, sie aufzuspießen. Ich lasse sie in Licht und Luft leben und schweben, wie es ihnen paßt.

PAO. Sie führen die Sprache einer Dame von erlesener Erziehung.

HAITANG. Ich habe sehr wenig gelesen.

PAO. In Büchern, aber mein Inneres liegt aufgeschlagen vor Ihnen, wie vor dem Philosophen das Taoteking. Wie lange weilen Sie schon in diesem Hause? War der feiste Bruder, der mir die Tür öffnete, Ihr Erzieher?

HAITANG. Mein Vater erzog mich. Er trug einen einfachen, braunen Kittel, aber jedermann verneigte sich vor ihm.

PAO. Darf ich ihm meine Aufwartung machen?

HAITANG. Er ist tot.

PAO. Gestatten Sie, daß ich sein Andenken ehre, indem ich die Erde dreimal mit der Stirn berühre.

HAITANG. Wer sind Sie, daß Sie einem Mann niederen Standes Achtung bezeigen?

14

PAO. Ich bin ein junger Mann, sonst nichts. Vielleicht nur dazu nütze, gut zu essen, lange zu schlafen, meinen Schneider zu besuchen und Schach zu spielen.

HAITANG. Wollen Sie eine Partie Schach spielen? Hier steht ein Schachbrett schon aufgebaut.

Sie setzen sich nieder und machen einige Züge.

HAITANG. Weiß zieht an, Schwarz zieht nach.

PAO. Schach der Dame.

HAITANG. Ich bin keine Dame. – Schach dem König.

PAO. Ich bin kein König. Zug, Gegenzug. These, Antithese. Sie gehen scharf vor, wie ein Feldherr vieler Grade. Ich gebe das Spiel auf, aber nur, um ein besseres Spiel zu beginnen.

HAITANG. Und welches Spiel?

PAO. Das Spiel der Liebe.

HAITANG. Das Spiel der Liebe? Ich wußte nicht, daß die Liebe ein Spiel sei. Als mein Vater sagte: Ich liebe dich, da war seine Stirn gefurcht, sein Auge glänzte, da spielte er nicht mit mir.

PAO. Die Liebe des Vaters, die Liebe des Mannes: es ist ein Unterschied wie zwischen Blumenliebe und Tierliebe. Blumen lieben einander vielleicht wie Vater und Tochter. Löwen lieben einander wie Mann und Frau.

HAITANG. Ich bin noch keine Frau, bin nur ein Mädchen. Soll ein Löwe eine Blume lieben? Seien Sie nur eine Vase, in die man eine Blume stellt für einige Stunden. Soll ich Ihnen das Blumenschiff unseres großen lyrischen Meisters Su-Tung-Po rezitieren?

Im Meere hinter Brandungsschaum und Riff
Schwimmt wie ein Kormoran das Blumenschiff.
Ich bin nicht gegen seinen Duft gefeit.
Ich heb den Arm. Das Schiff ist allzu weit.
Mimosen hängen traubengleich am Bug.
Ein Fächer schlägt den Takt zum Ruderzug.
Ich werfe eine Blume in das Meer,
Die treibt nun auf den Wellen hin und her.
Vielleicht, daß, wenn der Wind sich abends dreht,
Er meine Blume bis zur Barke weht …

Einen Augenblick Schweigen.

Können Sie mir dies Gedicht kommentieren?

PAO. Ich wandle am Strand des Meeres. Die Wogen schäumen: Vergänglichkeit ... Vergänglichkeit ... Ich denke des blauen Meeres von Ku-Ku-Noor, des toten Meeres, wo die Gebeine der Unbestatteten am Strande verwesen. Welches Kind, welcher Enkel soll mir die Ahnengebräuche erweisen, soll mich bestatten, da mir die Mutter meiner künftigen Kinder ihr jungfräuliches Herz verweigert? Wie die Wellen sich am Riff brechen, so bricht mein strömendes Herz am starren Herzen der Geliebten. Wie fern weilt sie mir! Auf den Wogen des Meeres, unerreichbar weit wie der Kormoran, gleitet, in der Silhouette einem Kormoran nicht unähnlich, dort nicht ein Schiff der Freude, des Gesanges und des Tanzes auf Bastschuhen, der leichten Lust und der schweren Liebe, ein Blumenschiff? Der Gesang klingt zu mir einsam Wandelnden hinüber; herüber weht ein Duft von Blumen und Parfümen. Ein Mädchen winkt mit dem Fächer, mit dem sie den Takt der Ruderschläge begleitet, nach dem Lande. Langsam gleitet das Blumenschiff. Mir ist es, als trüge es meine Freundin dahin ... dahin ... Wohl wäre es möglich, das Schiff zu halten mit einem Ruf, daß es auf mich den Kurs nähme, aber was gewönne ich? Ich vermöchte wohl mit Gold das Blumenmädchen zur Hingabe, doch niemals zur Liebe der geliebten und liebenden Seele zu zwingen.

HAITANG. Liebe muß herzlich und sinnvoll mit der reinsten Leidenschaft, dem herrlichsten Herzen errungen, sie kann nicht erzwungen werden.

PAO. Nichts anderes vermag ich, als dem Blumenschiff eine Blume zuzuwerfen *Er wirft Haitang eine Blume zu, die sie aufnimmt.* als Symbol meines Herzens. Vielleicht, daß die Winde des Schicksals es an den Ort seiner Bestimmung führen. –

HAITANG. Sie sind so nachdenklich! Soll ich Sie erheitern? Soll ich tanzen? Ich kann den Tanz der vier Jahreszeiten, den Tanz des Südwindes, den komischen Tanz des Herdgottes. Soll ich spielen? Die ewige Frühlingsmusik? Soll ich singen? Das Lied vom weißen Haupt?

Wie der Schnee so weiß,
Wie der Mond so weiß
Werden unsere Häupter einmal sein.

Soll ich etwas malen oder zeichnen? Hier ist ein Stück Kreide, mit dem Herr Tong am Türpfosten wohl säumige Schuldner aufzuschreiben pflegt. Ich werde hier auf die schwarze Tapete mit der weißen Kreide einen Kreis zeichnen. *Tut es.*

PAO. Der Kreis ist das Symbol des Himmelsgewölbes, der Kreis ist das Symbol des Ringes, der Gatten aneinander schmiedet, Herzring an Herzring reiht.

HAITANG. Was außerhalb dieses Kreises ist, ist das Nichts. Was innerhalb dieses Kreises ist, ist das All. Wie verbinden sich Nichts und All? Im Kreise, der sich drehend fortbewegt *Zeichnet Speichen in den Kreis.* im Rad, das rollt. Ich bin an das Rad geschmiedet, das Rad des Schicksalswagens, den die Sonnenrosse durch die Äonen mit sich reißen. Ein junger Gott steht mit feuriger Peitsche im Wagen und treibt die Rosse. Er achtet meines Jammers und meiner Tränen nicht.

PAO. Ich knie vor dir, Kwanyin, Göttin der Reinheit.

HAITANG. Stehen Sie auf, was tun Sie? *Wischt die Speichen aus dem Kreise.* Sehen Sie den Kreis, er ist schon wieder leer. Jetzt umrundet er das Symbol des Spiegels, in dem ich mich eitel drehe und wende. *Dreht sich vor dem Kreis wie vor einem Spiegel.* Wie kleidet mich dies Gewand der Trauer? Gibt es der Lust nicht einen besonderen Reiz? Auf dem Gesicht zerreibe ich einige Puderkugeln, aus der Schminkbüchse betupfe ich meine Lippen *Wirft das weiße Übergewand ab.* bauschig sind meine Hosen aus grüner Seide, ihre Bänder golddurchwirkt. Meine Füße sind wie Lilien. Die Schuhe aus rotem Atlas sind über und über mit Blumen bestreut. Auf den Schuhspitzen schweben gestickte Libellen. Sähe mich heute der Buddha, ich glaube, er würde seinem frommen Wandel auf ewig abschwören. Wie finden Sie meine Frisur? Soll ich diesen Kamm ein wenig höher stecken? Was ist mit diesem grünen Gürtel?

PAO. Lösen Sie ihn, Schwester vom grünen Gürtel.

HAITANG. In dieser Hand, die noch keinen Mann geliebkost hat, steht mein Schicksal geschrieben. Wie verläuft die Linie meines Lebens? Ich sehe es im Spiegel verkehrt.

PAO. Ich werde diesen Spiegel zerschlagen. *Ballt die Faust.*

HAITANG. Dann schlagen Sie auch das Bild im Spiegel – und schlagen mich. Wollen Sie mich schlagen? Ich bin schon einmal heute geschlagen worden.

PAO. Wer schlug Sie? Ich werde ihn stäupen lassen.

HAITANG. Ich habe seinen Namen vergessen; es war kein böser, es war nur ein schwacher Mensch. Aber sehen Sie, ich will dem Spiegel einen anderen Charakter geben, ich schreibe ein paar Zauberzeichen in den Kreidekreis, *Macht mit der Kreide ein paar Striche.* und schon blickt aus dem Spiegel Ihr Gesicht. Finden Sie sich ähnlich? *Lachend.* Habe ich Sie gut getroffen?

476

PAO. Sie haben mich getroffen, Sie haben mich gut getroffen, Sie haben mich ins Herz getroffen.

HAITANG *zu dem Bild.* Ich wollte, dieser wäre mein Freund ...

Zwei schwarze Vögel seine Blicke sich wiegen,
Die mit den Adlern um die Wette fliegen.
Lange Wimpern schatten ihre Glut,
Wie Weidengesträuch, das vor einem Waldsee ruht.
Seine Hände leuchten schlank;
Blasser Erinnerungen sind sie krank.
Aber die Lippen hat er schmalrot zusammengebissen,
Als wollten sie nichts von Küssen
Und nichts von Lächeln mehr wissen.
Weh, sie sind wie des großen Räubers gedoppeltes Schwert,
Das rotsingend durch meine schlaflosen Nächte fährt. –

Immer, wenn ich morgens in den Spiegel sehe, werde ich an Sie denken.

PAO. Ich lasse mir jeden Spiegel gefallen, den Sie mir vorhalten. Wie aber, wenn ein anderer mein Bild innerhalb des Kreidekreises auswischt oder auslöscht und sich an seine Stelle setzt?

Ein dicker Kopf hat die Papierwand innerhalb des Kreidekreises durchstoßen. Es ist der Kopf des Mandarinen Ma. Haitang und Pao weichen seitwärts zurück.

MA. Mein Name ist Ma. Ganz einfach Ma. Wenn ich den Namen Ma nenne, so sollte das eigentlich genügen, daß jedermann sich ehrfurchtsvoll vor mir verneige. Denn ich besitze Geld, Geld, viel Geld, sehr viel Geld, so daß ich mir alles kaufen kann, was ich will, und wonach ich Gelüst und Sehnsucht trage. Wie der Habicht nach Raub ausgeht, so verlasse ich meinen Palast und ziehe auf Abenteuer aus. Sehe ich ein schönes Pferd, besteig ich's. Sehe ich ein schönes Weib, entführ ich's. Wenn es mir paßt, gehe ich durch die Wand, wie im vorliegenden Falle. Was kann die zerrissene Tapete kosten? Ich bezahle alles, und was ich bezahle, zahle ich bar. Ich habe mir den Doktortitel gekauft und bin Ehrendoktor der Universität Peking, obwohl ich das Schriftzeichen für Liebe nicht von dem Schriftzeichen für Geld unterscheiden kann. Ich habe einen Sitz im Gericht gekauft und spreche Recht, obwohl ich nicht einmal recht sprechen kann und mir in meinen eigenen Geschäften der Unterschied zwischen Diebstahl und reellem Kommerz ziemlich schwerfällt. Ich bin Steuerpächter und treibe die mir zustehenden Steuern rücksichtslos ein. Ich bin streng, aber gerecht. Zum Lohn für meine Nachsicht, daß ich ihm die geschuldete Steuer schon einmal stundete, erhängte sich vorgestern ein gewisser Gärtner Tschang vor meinem Hause, zu dem ausgesprochenen Zweck, mir Ungelegenheiten zu bereiten, was dem Lumpen auch gelang. Der Pöbel hat mir die Fenster eingeworfen und mich Blutsauger und Volksverderber geschimpft. Um mich von den Aufregungen der letzten Tage zu erholen und mich zu zerstreuen, betrat ich dies mir wohlbekannte Haus des Herrn Tong. Denn ich liebe, um mich gebildet auszudrücken, die Blumen und Weiden. Ich habe mir von meinem Privatzauberer das Horoskop stellen lassen für heute. Der heutige Tag ist meinen Liebesunternehmungen zweifellos günstig. *Sieht Haitang.* Eine neue Blume im Garten des Herrn Tong! Seien Sie mir gegrüßt, zartes Fräulein! Sie sind so zart, daß ich Sie nicht anzufassen wage; ich könnte Sie ja zerbrechen. Sie sind so leicht, daß ich kaum zu reden wage; mein Atem könnte Sie verwehen bis in die Wolken hinauf und über die Wolken hinaus bis in den Taumel der Sterne. – Und was hätte ich dann? Ich bliebe allein mit meinem Liebesschmerz untröstlich auf der trostlosen Erde zurück.

Er klatscht dreimal in die Hände. Herr Tong erscheint.

TONG. Euer Hochgeboren wünschen?

MA. Tong, diese junge Dame, die ich erst einige Minuten gesehen habe, gefällt mir ausgezeichnet. Ein junges Mädchen rührt mein Herz.

TONG. Es ist noch unberührt.

MA. Eine Jungfrau also?

TONG. Eine Jungfrau. Jungfrauen sind selten wie ein Fuchs in der Falle. *Tong lacht devot.*

MA. Sie haben mir schon manche falsche Jungfrau angedreht, Tong;
widersprechen Sie nicht! Diese Jungfrau aber ist echt. Ich habe das
im Gefühl, Tong. Diese Jungfrau ist echt, so echt wie das Gold, das
ich für sie aufwenden werde. Ich kaufe Ihnen das Fräulein ab. Völlig,
mit Leib und Seele. Keine Widerrede, Tong! Kein Widerspruch des
Fräuleins! Sie gehören Herrn Tong, er kann mit Ihnen tun, was er
will. Später werden Sie mir gehören, und ich werde mit Ihnen tun,
was ich will. Ich biete hundert Taels in Gold.

TONG. Euer Hochgeboren, sie hat mich selbst zweihundert gekostet.

Der Prinz tritt aus dem Hintergrund.

PAO. Ich biete dreihundert.

MA. Vierhundert.

PAO. Fünfhundert.

*Tong reibt sich die Hände. Er hat Haitang, die die Versteigerung
entsetzt verfolgt, wie einen Gegenstand auf einen Tisch gehoben.*

MA. Sechshundert.

PAO. Siebenhundert.

MA. Tausend.

PAO *erbleichend.* Ich muß zurücktreten. Tausend Taels in Gold kann
ich nicht überbieten. Die Dame *Er verneigt sich vor Ma und vor
Haitang.* gehört Ihnen.

Will Haitang etwas zuflüstern.

MA. Kehren Sie den Schnee vor Ihrer Tür und kümmern Sie sich nicht
um den Reif auf anderer Leute Dächer.

Pao ab.

HAITANG. Er hat meinen Vater in den Tod getrieben. Das Schicksal
wirft mich in seine Arme. Ich bin nur ein Mensch. Was soll ich tun?
Es wird, was nötig ist, was mir vergönnt ist, von den Göttern getan
werden. Sie haben meine Hand geführt, als ich meines Vaters Grab
aufriß und seinen Sarg mit Erde bewarf. Sie haben meine Hand geführt, als ich den Kreidekreis zog. Sie werden sie nicht sinken lassen,
und neue Kreise werde ich ziehen auf der schwarzen Tafel des Ver-
hängnisses, wie der Gott der Nacht das Himmelsgewölbe mit Sternen

479

beschreibt. Herr Tong, schicken Sie bitte zu meiner Mutter und lassen Sie ihr sagen, ich würde mich noch heute mit Herrn Ma vermählen.

TONG. Zu Diensten, ich muß wohl sagen: gnädigste Frau. Nicht umsonst hängt hier das Bild des Glücksgottes an der Wand. Bei Vater Tong macht man sein Glück.

MA. Haitang, du weißt, was das Weib dem Manne schuldet?

HAITANG. Ich weiß, was im Buch Siao steht: Das Weib hat zu schweigen, wenn der Mann spricht; es hat zu lächeln, wenn er tadelt; zu bitten, wenn er grollt; zu danken, wenn er züchtigt; zu lieben, wenn er verachtet und haßt.

MA *nimmt Haitang auf seine Arme und trägt sie hinaus.* Komm, mein Haus wartet.

480

Vorhang.

Zweiter Akt

Garten und Veranda vor dem Hause Mas. Im Hintergrund zieht die Straße vorbei.

FAWU MA. Mein Name ist Yü-pei, das bedeutet Kleinod. Ich bin die erste Gattin, die Gemahlin erster Klasse des Herrn Ma. Es ist jetzt ein Jahr her, daß Herr Ma eine zweite Gattin ins Haus genommen hat, eine unausstehliche Person namens Haitang, über deren sittliche Qualitäten ich mich nicht äußern will. Aber es sagt wohl schon genug, daß Herr Ma sie von der Straße aufgelesen, wo sie in einem Teehause die zweifelhafte Rolle einer Sängerin, Tänzerin und Kurtisane – ich gebrauche dieses beschönigende Wort – spielte. Ich bin in tiefster Seele verletzt, daß Herr Ma mir, seiner Gattin ersten Ranges, eine solche Persönlichkeit vorzieht. Zu allem Überfluß hat sie ihm einen Knaben geboren, einen Erben, während mein Schoß unfruchtbar geblieben ist. Die Götter wägen das Schicksal der Menschen wohl auf der Goldwaage. Weh mir, was habe ich zu erwarten, wenn ich nicht selbst mein Geschick entschlossen in diese kleinen Hände nehme? Zum Glück wird mir jemand beistehen, der mir ergeben ist auf Leben und Tod.

TSCHAO *auftretend.* Und das ist niemand anderer als Ihr dienstwilliger Knecht Tschao, Gerichtsbeamter am hiesigen Amtsgericht.

FAWU MA. Ich freue mich, Sie zu sehen, Tschao. Wo kommen Sie zu dieser Stunde her?

TSCHAO. Herr Ma hatte die Freundlichkeit, mich in einer geschäftlichen Angelegenheit zu sich zu bitten.

FAWU MA. Was ist das für eine geschäftliche Angelegenheit?

TSCHAO. Ich bin leider noch nicht unterrichtet, gnädige Frau.

FAWU MA. Ich hatte diese Nacht einen Traum. Ich träumte, wir beide gingen eine steinige Straße, viele, viele Stunden lang. Die Sonne brannte unerträglich. Kein Baum, kein Strauch, nicht der Schatten eines Schattens. Mich dürstete, daß ich zu sterben meinte; kein Quell weit und breit. Da nahmen Sie ein Messer, Tschao, stießen es sich ins Herz, Ihr Blut rann nieder, und Sie sprachen, schon vergehend: Yü-pei, trinken Sie mein Blut, das ich gern für Sie verströme.

TSCHAO. Und Sie?

FAWU MA. Ich trank und war gerettet. Ich bereitete Ihnen ein prunkvolles Begräbnis und verbrachte meine Tage damit, Ihren heroischen Tod zu bejammern und zu beweinen. Und fast schien es mir im Traum, als liebte ich Sie, da Sie tot waren, noch inniger, als da Sie noch lebten.

TSCHAO. Wann werden wir einander völlig angehören dürfen, frei vor aller Welt, und nicht heimlich wie jetzt im Garten, wenn Herr Ma einmal ausgegangen ist?

FAWU MA. Bald, vielleicht eher, als Sie meinen.

TSCHAO. Seit ich Sie sah, Yü-pei, ist das Sternbild der Weberin von seinem Platz am Himmelsgewölbe verschwunden und leuchtet nun auf Erden. Wie ein Glühkäfer schwirrt es vor mir her, und manchmal darf ich es fangen, und erstaunt halte ich es in meiner Hand; es leuchtet, aber es verbrennt mich nicht. Es bleibt aber nicht bei mir. Immer wieder fliegt es davon, und immer wieder muß ich durch Gebüsch und Gesträuche ihm nach. – Yü-pei, zuweilen bin ich ganz verzweifelt, und zuweilen will es mich würdiger dünken, ich machte diesem qualvollen Leben ein Ende, als daß ich noch weiter dahinsieche und meine Tage dahinschleppe wie ein Kahntrecker seinen elenden Kahn den Yang-tse-kiang hinauf. In den Falten meines Mantels trage ich ihn immer bei mir, den Tröster, der ewigen Trost brächte.

FAWU MA. Süßer Tschao, was haben Sie für schreckliche Gedanken! Zeigen Sie, was Sie in den Falten Ihres Mantels tragen.

TSCHAO *holt ein kleines Büchschen hervor.* Ich kaufte es einem Mönch ab im Tempel des Wuwang.

FAWU MA. Gift!

TSCHAO. Ich habe mich in den Schutz des Gottes der Krähen gestellt. Niemand wird mich begraben; ich habe keine Anverwandten. Auf das freie Feld wird man meinen Leichnam werfen. Die Krähen werden kommen und ihre Mahlzeit halten.

FAWU MA. Süßer Tschao, gib mir das Gift, gib es mir, du darfst es nicht bei dir tragen in einem Zustand, da dein Gemüt verdunkelt ist. *Sie entwindet ihm die Büchse.* Ich hebe es auf! Wer weiß, ob nicht die Stunde einmal kommt, da wir gemeinsam die Reise in die unteren Bezirke antreten.

TSCHAO. Mit dir zu sterben, wäre mir höchste Seligkeit.

FAWU MA. Jetzt sollst du noch mit mir leben, und diese Seligkeit wird süßer sein. *Zieht ihn hinter einen Baum. Umarmung.* Ich bat dich bei unserer letzten Zusammenkunft, die Gesetzesbücher auf einen strittigen Punkt durchzusehen und mir Auskunft zu geben über die Frage: wer ist Erbe von Geld und Gut, Haus und Hof, wenn der Mann stirbt?

TSCHAO. Erbe, und zwar Alleinerbe, ist die erste Frau, die Gattin erster Klasse.

FAWU MA *freudig.* Tschao!

TSCHAO. Doch tritt in der Erbfolge eine Änderung ein, falls sie kinderlos bleiben sollte.

FRAU MA *stampft mit dem Fuß auf.*

TSCHAO. Hat eine Nebenfrau einen Knaben geboren, dann tritt sie und das Kind in die Rechte der Alleinerben, und die Hauptfrau wird auf ein Pflichtteil gesetzt.

FAWU MA. Das ist also mein Schicksal, wenn Ma stirbt. Habe ich ihm nicht schon treu gedient, als diese Hure von Haitang noch gar nicht auf der Welt war? Jetzt soll ich mein Alter in Armut und Elend wie einen Leinensack tragen, während sie mit ihrem Bankert in goldener Sänfte an mir vorbeigetragen wird, und ich hocke am Straßenrand und bettle um ein paar Kesch.

TSCHAO. Das wird nie geschehen, solange ich lebe.

FAWU MA. Großes Kind – bist du nicht arm wie eine Kirchenmaus? Dein dürftiges Gehalt, um das dich Herr Tschu, der Oberrichter, obendrein noch meist betrügt, reicht kaum zum Tabakkauen für dich. Muß ich dir nicht immer von mir aus noch einige Taels zustecken und dir Reis und Kuchen schicken? Du wärst wohl längst verhungert ohne mich.

TSCHAO. So siehst du keinen Weg aus dem Elend?

FAWU MA *langsam.* Ich sehe – einen. Wirst du mir versprechen, mir auf diesem Wege zu folgen, auch wenn dieser Weg ein krummer Weg sein sollte? Wirst du die Augen schließen und dich ganz meiner Führung anvertrauen? Mir zuliebe?

TSCHAO. Ich will es versprechen, weil ich keinen Weg sehe.

FAWU MA. Die Stunde des Gerichts hat eben zu schlagen begonnen. Ich werde gehen, dich Herrn Ma zu melden.

Ab.

TSCHAO. Tschao-hai nennt man mich auf dem Gericht: Tschao, den sich durch Tugenden Auszeichnenden. Werde ich diesen Ehrentitel noch lange tragen dürfen? Ich werde heute abend Räucherwerk entzünden, um die bösen Geister, die sich in meinem Hause und meinem Herzen schon festgenistet haben, zu vertreiben.

Ma erscheint auf der Veranda, hinter ihm Frau Ma, Haitang, die sich alle drei verneigen. Tschao ebenfalls.

MA.
> Wie tief im Tal der schwarze Fluß, daran
> die Stadt gelagert wie ein Haufen
> von den Söldnern nach der Schlacht!
> Es warf ein jeder
> sich in das Feld, grad wo er stand, so sehr
> ermüdeten ihn Blutrausch, Mord und Tod.
> Also die Häuser, da und dort verstreut,
> gehalten nur
> von einem Turm, der herrisch in der Mitte
> den Strahlenhelm nach allen Seiten dreht.
> Der Yang-tse-kiang, so sagt man, berge Perlen
> in seinen schwarzen Wassern. Wer um Mittnacht,
> mit reinem Sinn und Zauberspruch begabt,
> sich an das Perlenfischen macht, dem ist
> zuweilen wohl ein seltner Fund gegönnt.
> Ich ging die Nacht an seinen dunklen Ufern
> und fand ganz ohne Zauber – auch das Herz
> war nicht so rein, wie die Beschwörung fordert –
> ich fand ein Perlchen doch und hob es auf.
> Und strahlender als des Mikado Perlen
> hat's mir die Nacht erleuchtet, süßer mich
> als alle Perlen Indiens beglückt.

TSCHAO. Ihr Knecht Tschao ist auf das höchste geehrt, mit seinen geringen seelischen und geistigen Kräften Euer Hochgeboren vielleicht einen bescheidenen Dienst leisten zu dürfen.

Frau Ma und Haitang bringen je eine Strohmatte, die sie ausbreiten.

MA. Ich bitte Platz zu nehmen.

Ma und Tschao setzen sich auf die Strohmatten. Zu den Frauen.

Laßt uns allein.

Haitang und Frau Ma ab.

TSCHAO. Ein herrlicher Frühlingstag!

MA. Lau und milde wie ein Sommertag. Er tut meinen alternden Gliedern wohl. So ist Haitang.

TSCHAO *schweigt.*

MA. Man nennt Sie auf dem Gericht Tschao-hai: der sich durch Tugend, Gerechtigkeit und Unbestechlichkeit auf das höchste auszeichnet.

TSCHAO. Meine Verdienste sind unbeträchtlich, meine Charaktereigenschaften einer Hervorhebung nicht würdig – man übertreibt.

MA. Ich möchte Sie daher ersuchen, meine Interessen in einer juristischen Angelegenheit zu vertreten, die mir schon lange im Kopfe herumgeht.

TSCHAO. Ich werde nicht verfehlen, Ihnen nach Möglichkeit zu dienen.

MA. Über das Honorar werden wir uns leicht einigen. Ich höre, daß Sie nicht in den besten Verhältnissen leben.

TSCHAO. Ich kann leider nicht widersprechen.

MA. Ich bitte Sie, im Rahmen des Möglichen natürlich, jede beliebige Summe als Vorschuß entnehmen zu wollen.

TSCHAO. Und worum handelt es sich, wenn ich mir die Frage gestatten darf?

MA. Ich habe beschlossen, mich von meiner Gattin ersten Ranges, Yüpei, scheiden zu lassen und Haitang in ihren Rang zu erheben. Ich liebe Haitang, sie hat mir einen Erben geboren. Ich beauftrage Sie mit der Erledigung der juristischen Formalitäten.

TSCHAO *ist aufgesprungen.*

MA. Warum bleiben Sie nicht sitzen?

TSCHAO. Ich leide in letzter Zeit an Rheumatismus; die Strohmatte hält die Feuchtigkeit des Erdbodens, zumal im Frühling, nicht genügend zurück. Ich bitte für meine Formlosigkeit um Entschuldigung.

MA. Nun? Wollen Sie meine Angelegenheit führen?

TSCHAO. Ich bin selbstverständlich entzückt, Ihnen behilflich sein zu können.

485

MA. Es würde die Lösung erleichtern, wenn man Frau Ma eine Untreue nachweisen könnte, irgendein Verhältnis mit einem Mann, das die Sittenlehre nicht billigt.

TSCHAO. Ein solches Verhältnis läßt sich zur Not auch künstlich herbeiführen. Man konstruiert einen Ehebruch.

MA. Ich sehe, wir verstehen uns.

Klatscht dreimal in die Hände, Frau Ma und Haitang erscheinen.

Yü-pei, geleite den Herrn bis an das Tor. Haitang, du hast mir heute den Knaben noch nicht gezeigt? Komm, zeige ihn mir!

Beide ab ins Haus.

FAWU MA. Was wollte er?

TSCHAO. Er will sich scheiden lassen.

FAWU MA. Von mir?

TSCHAO. Von dir. Er beauftragt mich, die Scheidung einzuleiten.

FAWU MA. Wir müssen handeln, jeder Aufschub wäre Torheit und Verrat am eigenen Geschick.

TSCHAD. Was willst du tun?

FAWU MA. Schließe die Augen! Der Gott des Dunkels sei mit dir!

Frau Ma ab ins Haus. Am Gartenzaun erscheint, völlig zerlumpt,
Tschang-ling.

TSCHANG-LING.
Nun bin ich gegangen
Von Haus zu Haus, von Stadt zu Stadt,
Blieb niemand an mir hangen.
Es rollt des Schicksals Rad,
Und Stunde rollt und Tag und Jahr,
Stein ward mein Herz, staubweiß mein Haar;
Wie doch die Landstraß staubig war.
Trugglanz ist alles, und nichts ist wahr.
Ich hab keine Heimat, wenn nicht das Feld.
Ich habe kein Haus, wenn nicht die Welt.
Kein Geld, kein liebes Lächeln, das mich hält.
Ihr Herren und Damen, in aller Heiligen Namen,
Wollet mir etwas schenken!
Und wenn ich's versaufe, wer kann mir's verdenken?

Ich laufe durch die Welt, wie elend, wie schwelend mein Herz! Flamme unter der Asche! Rauch und Ruß überall. Tags saß ich in hohlen Baumstämmen und schlief. Nachts machte ich mich auf den Weg und lief da- und dorthin. Schwirrte wie eine Fledermaus; die Dunkelheit tat mir wohl. Das Licht schmerzte mich. Wohin sind meine eleganten Kleider? Die trunkenen Abende in den Schenken? In Fetzen hängen mir einige Lumpen am Leibe. Mein Magen ist eine gedörrte Pflaume. Vor den Tempeltüren knie ich und flüstere heiser: einen Kesch, schöne Dame, im Vorüberwandeln, im Namen der Göttin Kwanyin, die Ihr selbst eine Göttin seid, geschnitzt aus Bergkristall. Einen Kesch, hoher Herr, im Namen des Gottes Fo, den zu besuchen Ihr Euch anschickt, um sein brüchiges Standbild neu vergolden zu lassen. Vergolde mir Eure Güte eine Stunde meines schwarzen Tages. – Ich traf einen alten Zauberer. Ich bat ihn um Aufklärung über das Wesen Himmels und der Erde. Er sagte mir: Bruder, tritt der Gesellschaft Himmels und der Erde bei, so wirst du es erfahren. Die drei großen Mächte sind: Himmel, Erde, Mensch. Warum willst du, der Mensch, dich deiner Macht begeben? Einsicht und Nachdenken wird dich zu den Gestirnen erheben. Du wirst neben der Weberin im goldenen Kreise ziehen. Ich schwieg und dachte, und nachdem ich nachgedacht, trat ich der Gesellschaft bei, die das Los der armen Menschen bessern will. – Das höchste Wesen will nicht, daß Millionen Sklaven sind von einigen wenigen, denen der Zufall Gold und Edelsteine in Fülle in den Schoß warf. Der furchtbare Unterschied von arm und reich muß aufgehoben werden. Weh uns, daß Männer ihre Seele, Mütter ihre Töchter verkaufen müssen, um des nackten, dürftigen Lebens willen. Vater Himmel und Mutter Erde haben nie und nimmer Tausenden ein Recht gegeben, das Eigentum ihrer Millionen Brüder zur Befriedigung ihrer Üppigkeit zu verschlingen. Sie prassen von dem Schweiß und der Arbeit ihrer unterdrückten Brüder. Die Sonne mit ihrem strahlenden Antlitz, die Erde mit ihren reichen Schätzen, die Welt mit ihren Freuden ist gemeinschaftliches Gut, das zur Bestreitung der dringendsten Bedürfnisse Millionen nackter Brüder aus den Händen der paar Tausend zurückgenommen werden muß. Die Menschheit muß endlich einmal von ihrem Jammer erlöst werden. Der edle Same des Menschentums darf nicht unter dem Unkraut der Unmenschlichkeit erstickt werden. Ein solch verruchtes Unkraut, das den Blumen und nützlichen Pflanzen die Erde

487

wegnimmt, ist Herr Ma, der Besitzer dieses Hauses. Er hat meinen Vater in den Tod, mich in das Elend getrieben und meine Schwester gezwungen, sich ihm zu verkaufen. Sein Name ist in der Liste der Brüderschaft längst mit einem Kreidekreis umgeben. Das bedeutet seine Trennung von dieser Welt. Sein Urteil ist gesprochen. Und ich bin erkoren, es zu vollstrecken.

Haitang erscheint.

HAITANG. Was will der fremde Mann am Zaun?

TSCHANG-LING. Er bittet demütigst um eine Schale Reis. Ihn hungert.

HAITANG. Warte, fremder Mann. *Geht und kommt im Augenblick mit einer Schale Reis wieder, die sie ihm bietet.* Wer bist du, fremder Mann?

TSCHANG-LING. Der Sohn eines Vaters, der sich erhängte, der Sohn einer Mutter, die in Kummer starb. Der Bruder einer Schwester, die sich verkaufte.

HAITANG. Bruder! – Laß mich vor dir niederknien und den Staub von deinen Füßen küssen. Wie weit bist du gewandert durch Schmutz und Kot?

TSCHANG-LING. Kannst du mir verzeihen, daß ich dich einst schlug wie man ein Maultier schlägt? Wie darf Mensch den Menschen schlagen, Bruder die Schwester?

HAITANG. Unsere Mutter starb, als du in der Fremde warst. Herr Ma, mein Gebieter, hat ihr ein sieben Stock hohes Denkmal errichtet.

TSCHANG-LING. Hätte Herr Ma unserm Vater ein einstöckiges Haus errichtet, da er lebte, und ihm die geringen Schulden erlassen, Herr Ma hätte besser gehandelt.

HAITANG. Er handelte, wie seine Natur ihm gebot.

TSCHANG-LING. Gebot sie ihm, dich zu kaufen und als seine Sklavin zu halten, seinen bösartigen Trieben dienstbar?

HAITANG. Herr Ma kaufte mich als seine Sklavin, er hat mich als seine Gattin ehren und achten gelernt.

TSCHANG-LING. Und worin besteht diese Achtung?

HAITANG. Er hat mir ein Kind geschenkt.

TSCHANG-LING. Wie, du hast dich dazu hergegeben und erniedrigt, diese verfluchte Rasse der Ma fortzupflanzen?

HAITANG. Es ist auch mein Kind, und auch ich werde in ihm auf Erden wandeln, wenn mein Leib längst im Sarge fault. Ich flehe dich an, Ma nicht zu hassen. Dein Elend macht dich ungerecht gegen ihn. Ich werde Ma bitten, dir eine Stellung zu verschaffen. Er hat ausgedehnte Geschäfte, es wird sich gewiß etwas für dich finden.

TSCHANG-LING. Ich will von seinen verbrecherischen Händen Güter nicht empfangen.

HAITANG. Er ist kein Verbrecher. Er ist weder gut noch schlecht. Dies ist sein Charakter. Er kennt weder das eine noch das andere. Er lebt wie der Panther im Busch.

TSCHANG-LING. Das Raubtier, das sich vom Blute lebender Menschen nährt, muß zur Strecke gebracht werden.

HAITANG. Was willst du tun?

TSCHANG-LING *zieht ein Messer.* Sieh dieses Messer –

HAITANG. Ich beschwöre dich –

TSCHANG-LING. Siehst du das Zeichen hier am Knauf?

HAITANG. Es ist das Zeichen der weißen Lotosblume.

TSCHANG-LING. Ich bin Mitglied der Bruderschaft vom weißen Lotos. Die Bruderschaft hat sein Todesurteil gesprochen. Sein Haus soll angezündet und in der Verwirrung geplündert werden. Der Verband der Feuerwehr ist von der Bruderschaft benachrichtigt. Er wird zum Löschen zu spät kommen.

HAITANG. Das Rad des Schicksalswagens rollt, und ich bin mit Stricken daran gebunden. Gewähre Aufschub, ihm und mir. Ich will mit ihm reden. Er wird der Bruderschaft eine Stiftung von tausend Taels in Gold machen; gewiß, das wird er.   489

TSCHANG-LING. Er wird sich nicht vom Gericht loskaufen. Das Gericht der Bruderschaft ist unbestechlich.

HAITANG. Das Orakel – laß mich das Orakel des Kreidekreises befragen. *Sie zieht einen Kreis.* Gib mir das Messer. Ich werfe mit dem Messer nach dem Kreis. Der Kreis umschließt sein Leben. Trifft das Messer den Raum innerhalb des Kreises, so haben die Götter gerichtet, so soll die Lotosblüte sich entfalten, so muß er sterben. *Sie schleudert das Messer; das Messer trifft genau die Kreislinie.* Das Messer hat nicht innen, nicht außen, es hat genau die Linie des Kreises getroffen. Bruder, nimm das Messer, und berichte der Bruderschaft von dem wunderlichen Orakel. Laß es die Weisesten der Bruderschaft deuten. Dies eine versprich mir, das Urteil nicht eher zu vollziehen, als bis der Sinn des Orakels geklärt.

TSCHANG-LING. Ich werde es den Brüdern berichten. Ich werde wiederkommen.

HAITANG. Bruder, lieber Bruder, wie siehst du so armselig drein. Komm, nimm dieses Pelzgewand *Sie zieht es aus.* über deine Lumpen, und nun geh! Fo sei mit dir! Er gebe dem Pfeil deines edlen Willens das rechte Ziel.

TSCHANG-LING. Kwanyin segne dich!

Ab. Haitang sieht ihm am Gartenzaun nach, Frau Ma erscheint.

FAWU MA. Sie sprachen am Gartenzaun mit einem fremden Mann. Wer war es?

HAITANG *schweigt.*

FAWU MA. Ich kann mir wohl denken, wer es war. Es gehört keine üppige Phantasie dazu. Schämen Sie sich nicht, an der Straße mit Männern anzubändeln? Sie haben wohl Ihre Teehausmanieren noch nicht verlernt? Haben Sie vergessen, daß Sie die, wenn auch zweite, Gattin eines hochgeachteten Mannes geworden sind? Sie treten die Ehre des Herrn Ma, meines hohen Gebieters und Herrn, mit Füßen. Wissen Sie, was Ihnen gebührt? Dreißig Stockschläge auf die Sohlen! Und was sehe ich soeben? Wo ist der kleine Mantel geblieben, den Sie heut früh noch über dem Kleid trugen?

HAITANG. Ich habe ihn verschenkt.

FAWU MA. Ein Geschenk des Herrn Ma zu Ihrem Geburtstag haben Sie verschenkt?

HAITANG. Ich habe ihn jenem armen Mann am Zaun geschenkt. Er ist so arm, und wir sind so reich. Es war ein Bettler.

FAWU MA. Bettler hin, Bettler her. Sind Sie schon soweit heruntergekommen, daß Sie sich unter den Bettlern einen Liebhaber suchen?

HAITANG. Das Sittengesetz gebietet, den Armen wohlzutun.

FAWU MA. Das, was Sie »wohltun« nennen, wird das Sittengesetz nicht gemeint haben.

HAITANG. Wie viel Elend ist in der Welt, wollen wir nicht versuchen, nach unsern schwachen Kräften dazu beizutragen, es zu lindern?

FAWU MA. Herr Ma zahlt pünktlich seine Kirchensteuern, das genügt. Aber jetzt genug der überflüssigen Kontroversen. Herr Ma will hier im Garten bei dem schönen Wetter seinen Tee nehmen. Richten wir den Teetisch.

Tun es, Ma kommt aus dem Hause. Frau Ma und Haitang verneigen sich.

MA. Wo bleibt der Tee?

HAITANG. Sofort, lieber Herr.

Geht ins Haus.

FAWU MA. Darf ich eine Frage an meinen Herrn richten?

MA. Ich bitte darum.

FAWU MA. Haitang scheint Ihrem Herzen seit einiger Zeit besonders nahe zu stehn?

MA. Sie schenkte mir einen Erben.

FAWU MA. Sie haben mir seit Monaten nicht mehr die Ehre eines nächtlichen Besuches erwiesen.

MA. Ich bin Ihnen Rechenschaft nicht schuldig.

FAWU MA. Haitang betrügt Sie! Ich sah sie mit einem fremden Menschen am Gartenzaun stehen. Vielleicht hat sie gar dunkle Pläne, wer weiß? Sie hat dem Fremden ihren mit Pelz besetzten Überwurf ge- 491
schenkt, den Sie ihr zum Geburtstag verehrten.

MA. Ich werde Haitang sofort zur Rede stellen.

HAITANG *kommt mit einer Tasse Tee.*

MA. Haitang, man hat mir eben schlimme Dinge berichtet.

HAITANG. Nicht alle Zungen reden wahr.

FAWU MA. Ich pflege nicht zu lügen.

MA. Du hast mit einem fremden Mann hier am Gartenzaun geredet?

HAITANG. Ich habe mit einem Bettler gesprochen.

MA. Du hast ihm den kleinen, mit Pelz besetzten Mantel geschenkt, ein Geschenk von mir? Achtest du so die Geschenke deines Mannes, der dich liebt?

HAITANG. Ich diene in Demut meinem Herrn und weiß seine Güte gebührend zu schätzen. Aber der Bettler hatte nur Lumpen auf seinem Leib. Er fror. Er dauerte mich.

MA. Sahst du den Bettler heut zum ersten Male?

HAITANG. Nein.

FAWU MA. Erkennen Sie nun ihre Treulosigkeit?

MA. Wer war der Bettler?

HAITANG. Mein Bruder.

FAWU MA. Glauben Sie der lügnerischen Person?

MA. Ich glaube, denn ich liebe. Seit ich dich kenne, Haitang, hast du mein Herz verwandelt. Du hast nichts dazu getan, mich zu überzeugen, dein einfaches Dasein wirkte. Hättest du mich, der ich deinen Vater in den Tod, deine Familie in Jammer und Elend gestürzt, nicht hassen müssen? Hättest du mir den Tod gewünscht, es wäre nur allzu natürlich gewesen. Ich habe dich aus dem Teehaus geraubt wie ein wilder Affe im Urwald ein Menschenweib. Du warst immer gleich, immer du, sanft wie eine Göttin. Daß es Göttinnen gibt, habe ich durch dich erfahren. Durch dich habe ich erst an das höchste Wesen glauben gelernt. Haitang, fühlst du, daß ich zu lieben vermag, und daß ich dich liebe?

HAITANG. Tränen der Freude steigen mir ins Auge. Am Himmel die Sonne lächelt wieder. Es wird alles wieder gut werden, da du, Ma, wieder gut wurdest.

492 MA. Zum erstenmal sagst du »du« zu mir, Haitang. Wie bin ich froh darüber, daß die Wand zwischen uns fiel, daß ich wie im Hause des Herrn Tong nicht mehr durch die Wand zu kommen brauche. Himmel, Erde, Mensch sind die drei großen Mächte. Du, ich, das Kind – wir werden die drei kleinen Mächte sein. Eins und drei in der einen, seligen Dreieinigkeit.

FAWU MA. Sie wollten Tee trinken, gnädiger Herr.

HAITANG. Ich vergaß den Zucker. Wie nachlässig ich bin.

FAWU MA. Geben Sie die Tasse! Ich werde den Zucker hineintun. *Sie nimmt die Tasse, geht bis zur Veranda, zieht die Büchse, die ihr Tschao gegeben, heraus; leise.* Ich werde den Zucker hineintun, den mir Tschao gegeben. *Schüttet das Gift in den Tee.*

HAITANG. Die Liebe zu dir hat sich heut wie eine Lotosblume in mir entfaltet.

MA. Ich danke dir für deine Liebe.

HAITANG. Warum sprach ich soeben von einer Lotosblüte? Erinnere mich, wenn du den Tee getrunken hast, daß ich dir von einer Lotosblüte erzählen muß.

FAWU MA *gibt Haitang die Tasse mit Tee.* Kredenzen Sie ihm den Tee. Aus Ihren Händen mundet er ihm doppelt gut.

MA. Erzähle mir, während ich trinke, das Märchen von der Lotosblüte *… Er trinkt, läßt die Tasse fallen, die in Scherben klirrt. Faßt Haitang am Handgelenk.* Haitang – ich – sterbe – *Fällt tot zusammen.*

HAITANG. Mein lieber Mann – mein lieber Mann – ich wollte dir noch das Märchen von der Lotosblume erzählen – hörst du mich nicht? Siehst du mich nicht? Bist du nicht mehr bei mir? *Sie kniet hin vor Ma, legt seinen Kopf in ihren Schoß.*

FAWU MA. Hilfe! Hier ist jemand ermordet. Herr Ma ist vergiftet.

Hin- und Herlaufen von Dienern und Dienerinnen. An der Straße tauchen Tschao und Tschang-ling auf. Eine Polizeipatrouille erscheint.

FAWU MA. Ma ist tot. Wir sind frei!

TSCHAO *entsetzt zurückweichend.* Wer hat ihn getötet?

EIN POLIZIST. Was gibt es?

FAWU MA. Diese Person da, Herrn Mas zweite Gattin, ehemals ein Teehausmädchen niedersten Ranges, hat meinen erlauchten Gatten, Herrn Ma, vergiftet.

POLIZIST. Bindet sie!

HAITANG. In der ersten Stunde, da ich dich kennen lernte, muß ich dich verlieren, Ma. – Gebt mir mein Kind! Reißt mich nicht von meinem Kinde!

FAWU MA. Von *ihrem* Kinde? Ihr Geist ist verwirrt oder voll böser Anschläge. Sie hat kein Kind. Das Kind im Hause ist *mein* Kind, das ich von Herrn Ma empfangen, und das sie nur gewartet hat.

POLIZIST. Führt die Verbrecherin ab!

TSCHANG-LING. Ein Gott hat gerichtet!

HAITANG *vor Mas Leiche.* Er wird abwischen alle Tränen von meinen Augen.

Vorhang. 494

Dritter Akt

Im Hintergrund Mitte Sessel des Hauptrichters mit Tisch. Links und rechts Sessel für Beisitzer. In der Mitte über dem Sessel Gobelin mit dem Bildnis des fünfklauigen Drachen. Rechts und links daneben lange schmale Fahnen mit chinesischen Schriftzeichen. Vor dem Sessel des Richters ist ein Kreidekreis gezogen, in den die Angeklagte zu knien hat. Links und rechts im Vordergrund der Raum für Zeugen und Publikum, vom Mittelraum durch Barrieren getrennt. Tschu-tschu, der Richter, sitzt auf dem Richterstuhl und frühstückt.

TSCHU. Mein Name ist Tschu-tschu, ich bin der von Seiner Kaiserlichen Himmlischen Majestät *Erhebt sich, setzt sich wieder.* eingesetzte oberste Richter von Tscheu-kong. Das Publikum erwartet deshalb nicht, von mir mit der üblichen Devotion begrüßt zu werden. Ich neige weder meine Knie noch meine Stirn vor einer derartigen Gesellschaft miserabler Kreaturen, wie ich sie hier zu meinem Abscheu versammelt sehe. Es dürfte nicht einer im Publikum sein, der es mir an Rang, Ansehen und Bildung gleichtut, und deshalb dürfte es weit eher am Platze sein, wenn sich das Publikum zu meiner Ehre von seinen schmutzigen Bänken erhöbe und dem Prinzip des Staats, der Rangordnung, des Rechtes und der Sittlichkeit denjenigen Respekt bezeigte, der diesen erhabenen Prinzipien der Menschheit zukommen dürfte. Um neun Uhr sollen die Gerichtsverhandlungen beginnen, jetzt will ich erst einmal in Ruhe frühstücken. *Er knabbert an Früchten, beißt in ein Brot.* Das Frühstück gehört zu den angenehmsten Dingen des Lebens. Mit vollem Magen kann man einen Angeklagten, einen Dieb etwa, der aus Hunger gestohlen, nochmal so leicht und mit doppelt gutem Gewissen zum Galgen verurteilen. Heute bin ich leider ein wenig verkatert. Ich habe Kopfweh. Ich habe die Nacht im Hause des Herrn Tong verbracht in Gemeinschaft mit den drei reizenden Mädchen Yü, Yei, Yau. Sie haben mich mit Gong, Flöte und Geige in den Schlaf musiziert, nachdem wir Reiswein in erheblichen Portionen zu uns genommen und die reizende Yau mir mit Seele und Leib, besonders Leib, hihi, angehört hatte. Ich habe hier eine kleine, farbige Tuschzeichnung, welche die drei Mädchen völlig unbekleidet in allerlei verfänglichen Stellungen zeigt. Die will

495

ich mir jetzt in Muße betrachten, indem ich mich würdig auf den heutigen Abend vorbereite. Der Nacken von Yü, alle Achtung! Aber die Schenkel von Yau, auch nicht zu verachten! Aber erst die kleinen Brüste von Yei, ihnen muß ich doch den Preis zuerkennen!

Tschao tritt ein.

TSCHAO. Ich bitte um Vergebung, wenn ich Sie in Ihren Meditationen störe, Exzellenz. Frau Ma, die Klägerin in dem ersten der heute angesagten Prozesse, beauftragt mich, Ihnen als Zeichen ihrer devotesten Unterwürfigkeit unter Euer Exzellenz richterliche Einsicht diesen kleinen Beutel übersenden zu dürfen. *Überreicht ihm einen Beutel mit Gold und zieht sich zurück.*

TSCHU *läßt das Gold über den Tisch rollen.* Gold – Gold – keine schönere Musik, als wenn Gold über den harten Tisch rollt. Es klingelt wie Pagoden-Glocken. Beim Geläut des Goldes werde ich förmlich fromm. Frau Ma ist eine überaus freigebige Dame. Sie dürfte ihr Recht finden. Man nennt mich im Volksmund nicht umsonst den Herrn Doppelkopf mit der gespaltenen Zunge. Ich werde schon alles so drehen und deuteln, daß der Schein des Rechtes hell leuchtet und man mir auf keinen Fall an den Wagen fahren kann. Jetzt will ich mich aber noch ein wenig in das Strafgesetzbuch vertiefen *Packt das Gold und sein Frühstückszeug zusammen.* und mich in das Beratungszimmer zurückziehen. Die Paragraphen über Beamtenbestechung werden mir keine Kopfschmerzen machen. Ich entferne sie einfach, ritsch, ratsch, *Reißt Blätter heraus.* aus meinem Buch. Da ich jedesmal dieses Buch, Gesetze und Verordnungen des Herrscherhauses der Mantschu, beschwöre, danach Recht zu sprechen, so werde ich keinen Meineid leisten, und mein Herz ist rein wie die Wolle eines jungen Lämmchens. *Ab durch eine Tapetentür im Hintergrunde. Der Raum hinter der Barriere füllt sich. Frau Ma erscheint. Frau Ma winkt einer dicken Frau, der Hebamme; zieht sie in die Mitte des Raumes.*

FAWU MA. Vorsicht, treten Sie nicht in den Kreidekreis, sonst werden Sie selbst angeklagt, oder der Zauberkreis bannt Sie.

HEBAMME. O je, o je, wie habe ich's nur verdient, aufs Gericht zu kommen. Die Schande, die Schande! O je, o je, mein Herz schlägt, als sollte es mir die Brust zerschlagen. Was wird mein Mann sagen? Ich habe solche Angst, Frau Ma. Was wird mit mir geschehen? Wird man mich foltern?

FAWU MA. Reden Sie keinen Unsinn, Frau Lien. Sie sind nur hier als Zeugin geladen. Sie sollen zeugen –

HEBAMME. O je, o je, ich glaubte immer, daß nur die Männer zeugen können, wovon ich ja in meinem Berufe mich hinlänglich überzeugen konnte, und nun soll ich selbst zeugen?

FAWU MA. Sie sollen Zeugnis ablegen, Frau Lien, daß der Knabe Li *mein* Kind ist und nicht das der Haitang.

HEBAMME. Aber wie soll ich dieses Zeugnis ablegen, da es doch nicht wahr ist?

FAWU MA. Pst!

HEBAMME. War ich doch selbst es, die die Nabelschnur zwischen dem Kinde und der Frau Haitang trennte.

FAWU MA. Frau Lien, Sie irren sich! Hier haben Sie zwanzig Goldtaels, um Ihrem Gedächtnis auf die richtige Spur zu helfen.

HEBAMME. Frau Ma sind zu gütig, zu gnädig zu einer armen, alten Frau. Ja, ja, ja, ja, jetzt dämmert es mir, mir ist da in der Dämmerung eine Verwechslung unterlaufen – ich habe Sie und Haitang verwechselt! Diese Haitang ist eine stolze und hochmütige Person, und obwohl aus dem gleichen niedrigen Stande wie ich, hat sie nie ein freundliches Wort für mich gehabt. Immer von oben herab!

FAWU MA. Da ist es ja wohl kein Wunder, daß sie Herrn Ma, *Schluchzend.* meinen geliebten Mann, vergiftet hat.

HEBAMME. Was Sie nicht sagen! Vergiftet? Ja, ja, ja, ja, es gibt böse Menschen auf der Welt. Da kann ja auch wohl das Kind nicht von ihr sein.

FAWU MA. Kommen Sie nach Schluß des Prozesses zu mir nach Haus, ich habe noch einige abgelegte Kleider, glänzend erhalten, es wird sich gewiß noch ein Staatskleid für Sie darunter finden.

HEBAMME. Meinen innigsten Dank, Frau Ma. *Küßt ihr die Hand.* Frau Ma sind zu gütig zu mir, zu herablassend.

Frau Ma läßt sie gehen und zieht zwei Kulis nach vorn.

FAWU MA. Ihr seid doch Männer, die wissen, was sich schickt?

ZWEI KULIS. Das wollen mir meinen! *Spucken in den Saal und sprechen immer gleichzeitig.*

FAWU MA. Die der Gerechtigkeit zum Siege verhelfen wollen?

ZWEI KULIS. Gerechtigkeit, was ist das?

FAWU MA. Gerechtigkeit ist, wenn ich Euch hier ein paar Taels gebe und ein Päckchen Kautabak, und Ihr sagt hier als Zeugen vor Gericht das aus, was ich Euch vorsagen werde.

ZWEI KULIS. Wir haben in der Schule immer gut auswendig gelernt. Also schießen Sie nur los. Wir werden es genau behalten, denn wir sind helle Köpfe, daran ist kein Zweifel. Wir haben in der Schule gelernt, uns in unserem moralischen Lebenswandel nach Sprichwörtern zu richten. Wir kennen einige treffliche Sprichwörter, nach denen wir uns richten werden: Geld kommt vor allen Tugenden der Welt. Oder dieses: Hast du von jemand Geld bekommen, so handle ihm zu Nutz und Frommen.

FAWU MA. Ich sehe, ich kann mir weitere Belehrungen ersparen. Ihr seid in der Tat aufgeweckte Burschen. Ihr werdet also bezeugen, daß Ihr Nachbarn von Herrn Ma seid, der, als ich seinerzeit den Knaben Li gebar, ein Fest für das ganze Stadtviertel und jedem der armen Leute eine Unze Silber als Festgabe gab. Ihr werdet bezeugen, daß Ihr mich, Herrn Ma und den Knaben oft genug zum Tempel Fo habt pilgern sehn, wo wir zu Ehren des Fo, und daß er den Knaben in seine Hut nehme, Weihgeschenke niederlegten und Weihrauch entzündeten. Ihr müßt beschwören, daß der Knabe mein Kind, und nicht das Kind Haitangs ist.

ZWEI KULIS *heben grinsend die Finger zum Schwur.* Haben wir den 498
Schwur erst mal auf der Gabel hier, dann wird er auch heruntergeschluckt. Der Eid wird geschworen, darauf können Sie das Gift nehmen, das, wie wir hören, Haitang Herrn Ma in den Tee gerührt hat.

FAWU MA. Sie ist eine Mörderin, vergeßt das nicht! Sie verdient das Schlimmste.

Kulis zurück in den Haufen.
Die Gerichtsglocke ertönt. Die Tapetentür öffnet
sich, und es erscheinen in gemessenem Zug: Tschu-tschu, Tschao
und noch drei Richter. Sie nehmen ihre Plätze ein, bleiben stehen.
Zwei Gerichtsdiener halten Zeugen und Publikum, darunter
Tschang-ling, im Schach.

TSCHU. Im Namen Seiner Kaiserlichen Himmlischen Majestät *Brabbelt unverständliches Zeug.* eröffne ich die heutige Sitzung.

Die Richter setzen sich.

739. Sitzung, 850. Verfahren, Abteilung Ma contra Ma. Gerichtsdiener, führen Sie die Angeklagte herein.

Gerichtsdiener führt aus einer zweiten Tür im Hintergrund Haitang herein.

TSCHU. Angeklagte, nehmen Sie Ihren Platz dort innerhalb des Kreidekreises.

HAITANG *macht einen dreimaligen Kotau und steht dann wieder aufrecht da.*

TSCHU. Herr Tschao, Sie protokollieren?

TSCHAO. Sehr wohl, Exzellenz.

TSCHU. Angeklagte, Sie heißen?

HAITANG. Tschang-Haitang, Tochter des Tschang, Frau des hochgeborenen Herrn Ma.

FAWU MA *unterbrechend. Nebenfrau* des hochgeborenen Herrn Ma, seine bloße Beischläferin, Konkubine sozusagen, aus einem Freudenhause aufgelesen, die Gattin ersten Ranges bin ich.

HAITANG. Ich war Herrn Ma rechtlich angetraut. Da ich ihm einen Knaben geboren hatte, der Schoß seiner ersten Gattin unfruchtbar geblieben war, gedachte er, mich in den Rang der Hauptfrau zu erheben und sich von Frau Ma zu scheiden.

FAWU MA. Sie lügt wie eine Elster. Seht nur die freche Person. Sie hat ihm ein Kind geboren? Ei, wann denn?

TSCHU. Beruhigen Sie sich, Frau Ma. Im Laufe der Verhandlung wird sich ja alles der Wahrheit gemäß herausstellen. Wer erhebt die Anklage?

FAWU MA. Ich, Yü-pei, rechtmäßige Hauptgattin des verewigten Herrn Ma, klage Haitang, Tochter des Gärtners Tschang und Nebenfrau des hochgebornen Herrn Ma, des versuchten Kindesraubes und des vollendeten Giftmordes an Herrn Ma an.

Bewegung im Zuschauerraum.

TSCHU. Angeklagte, was haben Sie zu dieser außerordentlich präzisen Anklage zu bemerken?

HAITANG *leise.* Ich bedaure, dieser Frau Unangenehmes sagen und sie Lügen strafen zu müssen.

TSCHU. Welches ist die erste der fünf Haupttugenden?

HAITANG. Liebe.

TSCHU. Haben Sie Ihren Gatten geliebt, wie es das Gesetz fordert?

HAITANG. Ich bin ihm stets mit Achtung begegnet und habe ihn lieben gelernt am letzten Tage seines Lebens. Da hat er mir die Kammer seines Herzens geöffnet und ein Licht darein gestellt, und ich konnte sehen, in diesem Herzen war ein Sessel für mich errichtet; der Sessel aber, auf dem einst jene Frau gesessen, war leer. Ein welker Pfirsichblütenzweig lag auf dem Polster.

FAWU MA. Sie rezitiert Gedichte, wie sie es in ihrem schimpflichen Beruf gelernt. Denn Liebe machen und Verse machen gilt gleich viel.

TSCHU. Welches ist die zweite der fünf Haupttugenden?

HAITANG. Gerechtigkeit.

TSCHU. Nach Recht und Gerechtigkeit wird hier geurteilt. Um nichts anderes geht es.

HAITANG. Gerechtigkeit – ich bitte, daß sie mir zuteil werde, obwohl ich ihrer vielleicht nicht wert bin. Denn habe ich selbst immer recht gehandelt und geurteilt? Habe ich nicht über meinen Gatten ein Jahr lang eine ungerechte Anschauung gehabt in meinem Innern? Ich bitte die Götter, daß sie alle Schleier von meinen Augen nehmen und ich klar sehe und nicht ungerecht urteile über jene Frau, die mir so bitter feind gesinnt ist und der ich als erster Gattin zu dienen stets bestrebt war; der ich nie ein böses Wort gesagt habe, über die ich nie einen bösen Gedanken gehegt, der ich nie eine böse Tat getan habe. Diese Frau, ich habe es bemerkt, wenn ich sie morgens schminkte, hat viel Gesichter, wie ein Schauspieler viele Masken trägt und bald diese, bald jene Rolle spielt. Welches ihrer Gesichter ist echt? Welches wahre Gesicht liegt hinter all den Masken? Kann eine Maus die Rolle einer Libelle spielen? Kann eine Hyäne ein Lamm oder einen Hasen vortäuschen?

500

FAWU MA. Den Tiernamen der Frau, der ich immer nur Gutes getan und die mich so schamlos verleumdet, ich nenne ihn: sie ist eine zischende Schlange.

TSCHU. Welches ist die dritte der Haupttugenden, Angeklagte?

HAITANG. Schicklichkeit.

TSCHU. Sie ließen sie in Ihren Äußerungen eben vermissen.

HAITANG. So bitte ich um Vergebung. Aber es geht um mein Leben, Herr Richter, es geht um mein Kind. Soll ich aus Gründen der Schicklichkeit und des Wohlanstandes mir mein Kind stehlen lassen? Herr Richter, man hat mir im Gefängnis mein Kind verweigert! Man hat mich ohne Nachricht von ihm gelassen! War das wohl anständig, war das schicklich gehandelt, einer Mutter dieses Folterspiel zu bereiten? Li, mein Knabe, erkennst du mich?

FAWU MA. Sie heuchelt. Nie sah man das Laster sich so frech mit Tugenden wie falschen Papierblumen schmücken. Wie kann sie Muttergefühle vortäuschen, da ihr Schoß verdorrt ist wie ein Baum in der Wüste Gobi ohne Wasser?

HAITANG. Mein Schoß verdorrt? Ich unbegnadet? Das heiligste Recht des Weibes mir nicht verliehen? Trug ich doch in diesem meinem Leibe unter diesem meinem Herzen neun Monate lang meinen Knaben Li, die Erfüllung meiner Sehnsucht, die Hoffnung meines Alters. Ich blühte nur, damit ich eine Frucht trüge. Die Blüte fiel ab, die Frucht reifte, reifte in Sonne und Sturmgewitter, in Wollust und Schmerzen. Ich, die ich keine Wollust empfunden, da ich ihn empfing, ich verging vor Wollust, da ich ihn gebar. Fo hat mich begnadet, gesegnet. Ich habe ihm Weihrauch entzündet jeden Tag meines Lebens.

FAWU MA. Seht doch die ausgezeichnete Schauspielerin, wie sie fremde Charaktere spielt, sich gebärdet wie auf dem Holzgerüst einer Schmiere, wie auf dem Jahrmarkt! Warum ist sie nicht Naive geworden bei einer Wandertruppe? Den dummen Bauern auf den Dörfern hätte sie diese Mätzchen vormachen können, aber nicht einem hohen Gerichtshof von Tscheu-kong.

TSCHU. Welches ist die vierte der fünf Haupttugenden, Angeklagte?

HAITANG. Wahrheit.

TSCHU. Halten Sie sich streng an diese Tugend?

HAITANG. Meine Augen sollen erblinden, mein Mund verstummen, mein Ohr taub werden, wenn ich nicht die lautere Wahrheit sagte. Dies Kind ist mein. Mein Schoß hat es geboren.

TSCHU. Wir wollen zu diesem Punkt die Hebamme vernehmen, die der Mutter bei der Geburt des Knaben Li in ihren Wehen behilflich war. Treten Sie vor, Frau Lien!

HEBAMME. O je, o je, womit habe ich das verdient, vor dem hohen Gerichtshof erscheinen zu müssen.

TSCHAO. Fürchten Sie sich nicht, gute Frau! Sie haben nur der bereits soeben erwähnten vierten Kardinaltugend, der Wahrheit, die Ehre zu geben.

HEBAMME. Ich werde mir die Ehre geben, der Ehre die Ehre zu geben.

TSCHU. Also wie war der Hergang?

HEBAMME. Der Hergang war damals ein großer Hin- und Hergang, als der Knabe Li geboren wurde.

TSCHAO *zu Tschu*. Die gute Frau steht dem gebildeten Idiom, das Eure Exzellenz zu sprechen belieben, unverständlich gegenüber.

HEBAMME. Alles, was recht ist, oder alles, was unrecht ist: beleidigen lassen brauch ich mich auch von dem hohen Gerichtshof nicht. Wenn ich auch eine einfache Frau aus dem Hefeteig des Volkes bin, ein Idiom bin ich darum noch längst nicht.

HAITANG. Frau Lien, Sie waren es doch, die mir bei der Geburt des Knaben die Schnur gelöst hat! Frau Lien, erkennen Sie mich denn nicht wieder?

502

HEBAMME *dicht herantretend*. Ich bin ein wenig kurzsichtig und muß Sie mir deshalb aus der Nähe betrachten.

TSCHU. Frau Lien, erkennen Sie die Angeklagte?

HEBAMME. Ich kenne die Angeklagte schon. Es ist die Haitang, die Nebenfrau des verstorbenen hochgeborenen Herrn Ma, Fo hab ihn selig!

TSCHU. Und ist sie die Mutter des Knaben Li?

HEBAMME. Sie hat den Knaben wohl oft auf den Armen getragen, gewartet und in den Schlaf gewiegt, wie es die Pflicht der Nebenfrauen ist; aber die Mutter des Knaben ist jene! *Zeigt auf Frau Ma*. Obwohl das Zimmer der Wöchnerin wie üblich verhängt war und man in der Dunkelheit kaum die Mutter vom Kinde unterscheiden konnte, so ist doch kein Zweifel, daß Frau Ma den Knaben geboren hat.

HAITANG.

Frau Lien, als ich in Wehen lag,
Da waren Sie um mich Nacht und Tag.
Wie waren Sie zärtlich, waren gut,
Stillten mein fast verrinnendes Blut.
Haben meinem Kind und dem Leben
Mich, die dahin schon, zurückgegeben.
Betteten mich mit freundlichem Sinn
Auf das Lager von Matten hin.
Sie lösten die Nabelschnur, riefen meinen Mann,
Zündeten vor dem Hausaltar die Kerzen an.
Sie weinten mit mir um mein Mutterglück.
O rufen Sie die Tränen zurück!

Die Wahrheit, die Wahrheit: dies Kind ist mein
Und darf mir nicht genommen sein.

FAWU MA. Das listige Weib macht sich der Beeinflussung der Zeugin schuldig.

TSCHU. Man schlage die Angeklagte wegen ungebührlichen Benehmens vor Gericht. Im Wiederholungsfalle werden ihr Heißwasserschlangen angedroht. Sie wird auf Glassplittern knien, und man wird ihr die Knöchel zerquetschen.

Zwei Soldaten springen vor und schlagen sie zwei-, dreimal mit eckigen Bewegungen.

HAITANG.
Wie Feuer brennt mein Rücken,
Wie Sturm weht mein Atem.
Verflöge doch meines Lebens Hauch
Der Nachtschmetterling.

Das Kind beginnt zu weinen.

TSCHU. Still! Ich rufe das Kind zur Ordnung!

TSCHAO *zu Frau Lien.* Können Sie Ihre Aussagen beschwören?

HEBAMME. Das will ich meinen!

TSCHU. Die Zeugin wird vereidigt. Sprechen Sie die Worte nach: Ich schwöre bei den Gebeinen meiner Ahnen –

HEBAMME. Beinen meiner Ahnen –

TSCHU. Daß ich die reine Wahrheit gesagt –

HEBAMME. Keine Wahrheit gesagt –

TSCHU. Nichts verschwiegen und nichts hinzugesetzt habe – So wahr mir Fo helfe!

HEBAMME. So wahr mir Fo helfe!

TSCHU. Die Zeugin ist abzuführen.

TSCHAO. Die Zeugen Gebrüder Sang!

ZWEI KULIS *die immer gleichzeitig sprechen, treten vor und leiern sofort herunter.* Hoher Gerichtshof, Herr Ma war ein sehr vermöglicher, womöglicher und viel vermögender Mann. Wir konnten uns natürlich nicht schmeicheln, zu seinem näheren Umgang zu gehören. Aber als seine erste hochgeborene Gattin einen Knaben gebar, gab er seinem Stadtviertel, in dem auch wir die Ehre haben zu wohnen, ein Fest, eine Festivität, wo es so lustig herging, daß wir beide noch heute betrunken sind, wenn wir daran denken. Jeder von uns erhielt auch eine Unze Silber als Festgeschenk. Später haben wir noch oft Gelegenheit gehabt, Herrn und Frau Ma, letztere den Knaben auf dem Arm, zum Tempel des Fo, des Beschützers des Kleinen, wandeln zu sehen.

HAITANG. Ihr lügt, bestochen von Frau Ma. Saht Ihr nicht täglich mich, mein Kind auf Händen, zum Tempel Fos, des Gottes, eilen, es seiner Obhut zu vertraun?

ZWEI KULIS. Die Wahrheit, die wir bekunden, wird wahrscheinlich so ziemlich beinahe fast immer wahr sein. Daran ist nicht zu tüfteln.
Sollte eine Lüge über unsere wahrheitliebenden Lippen gekommen sein, so möge uns daran ein Geschwür wachsen, so groß wie eine Teetasse.

TSCHU. Können die Zeugen die Wahrheit ihrer Aussagen beschwören?

ZWEI KULIS. Und ob!

TSCHU. So sprechen Sie den Schwur nach.

Zeremonie wie oben.

Die Zeugenvernehmung über den geplanten Kindesraub wird geschlossen. Es bleibt die Frage des Giftmordes. Wer hat gesehen, daß die Angeklagte ihrem verewigten Gatten statt Zucker Gift in den Tee schüttete, um sich unrechtmäßig Knabe und Erbteil anzueignen?

FAWU MA. Ich!

HAITANG.

Himmlisches Licht, du hast dich ganz vermummt.

Wo leuchtest du?

Himmlische Glocke, du bist verstummt.

Wann läutest du?

Kommt es nie an den Tag, bleibt es in Nacht,

Wer Herrn Ma zu Tod gebracht?

Ich bin wehrlos, ehrlos ganz,

Trag auf meinem armen Kopf einen Brennesselkranz.

TSCHAO. Frau Haitang hatte wohl noch ein anderes Motiv, sich Herrn Mas zu entledigen.

TSCHU. Das wäre?

TSCHAO. Darf ich an die Angeklagte eine Frage stellen?

TSCHU. Ich bitte darum.

TSCHAO. Angeklagte, wer war die Ursache des selbstgewählten Todes Ihres Herrn Vaters?

Haitang schweigt.

So will ich selbst die Antwort übernehmen. Herr Ma war die Ursache seines Todes. Man schuldete ihm Abgaben, die man nicht aufbringen konnte. Seit jenen Tagen trug die Angeklagte ein Gefühl der Rache im Busen gegen ihren Gatten, der ihren Vater in den Tod getrieben. Zu dem Motiv der Erbschleicherei gesellt sich das Motiv der Rache.

TSCHU. Ihre Beweisführung leuchtet mir vollkommen ein, Herr Kollega. Die Angeklagte erscheint auf das schwerste belastet.

HAITANG. Das Schicksal lastet auf mir wie ein Grabstein.

TSCHU. Können Sie Ihre Wahrnehmung beschwören?

FAWU MA. Ich beschwöre bei den Gebeinen meiner Ahnen, daß die, die nicht die Mutter des Kindes ist, ihren Gatten mit Gift aus dem Wege geräumt hat, um sich unrechtmäßig Knabe und Erbteil anzueignen.

HAITANG *entsetzt.* Sie schwört die Wahrheit.

TSCHU. Die Inkulpatin hat gestanden! Die Zeugenaussagen werden geschlossen. Das Gericht zieht sich zum Urteilsspruch zurück.

Tschu, Tschao usw. ab.

FAWU MA. Ihr habt das Spiel verloren.

HAITANG. Ich spielte nicht.

FAWU MA. Ihr werdet bald um ein Viertel kleiner sein als jetzt.

HAITANG. Man kann mir den Kopf abschlagen, man kann mir das Herz aus dem Leibe reißen, aus meinem zerrissenen, aufs Rad geflochtenen Leib wird noch die Flamme der Wahrheit emporspringen.

FAWU MA. Ich sprach die Wahrheit.

HAITANG. Ihr sagtet sie. Seht mich vor Euch knien. Nehmt das Vermögen des Herrn Ma, nehmt alles, was Ihr wollt. Seht, diese kleine Kette gefällt Euch vielleicht, es sind indische Perlen; diese Schuhe sind bestickt, nehmt alles, alles, nur laßt mir mein Kind.

FAWU MA. Das Kind bleibt mein.

Gericht zurück.

TSCHU. Im Namen Seiner Himmlischen Majestät *Brabbelt.* erkennt
der hohe Gerichtshof als zu Recht folgendes Urteil: Die Angeklagte
Tschang Haitang wird wegen versuchten Kindesraubes und vollzoge-
nen Giftmordes an ihrem Gatten Ma zum Tod durch des Henkers
Schwert verurteilt. Gerichtsdiener, legt ihr den neunpfündigen Block
um den Hals.

DIENER. Zu Befehl, Exzellenz, *Er legt Haitang den Block um.* Hinein
mit dem Hals in den Block, du Weibsstück.

HAITANG. Mein Recht! Mein Kind!

TSCHU. Unverschämtes Geschöpf! Ich sollte dich mit dem Pantoffel
ins Gesicht schlagen. Merke dir eines: wenn ich ein Urteil spreche,
so ist es gerecht, die Verhandlung führe ich streng unparteiisch und
alles geht objektiv und absolut gesetzmäßig her.

Ein Kurier tritt auf, Haitang wird abgeführt.

KURIER. Stafette aus Peking.

TSCHU *erbricht sie.* Ich bin erschüttert. Ich ersuche alle Anwesenden,
mit der Stirn die Erde zu berühren. Seine Himmlische Majestät ist
im hohen Alter von fünfundsiebzig Jahren an Altersschwäche ver-
schieden. Zum Nachfolger wurde durch das Los Prinz Pao erkürt,
der den kaiserlichen Thron bestiegen hat. Er entbietet seinen Untertanen seinen kaiserlichen Gruß. Alle Todesurteile werden suspendiert
und kraft seiner Machtvollkommenheit Richter und Gerichtete nach
Peking berufen. Denn seine erste Amtshandlung soll im Zeichen der
Gerechtigkeit stehen. Großer Fo, im Zeichen der Gerechtigkeit! *Wischt
sich den Angstschweiß von der Stirne.*

TSCHANG-LING *im Zuschauerraum des Gerichtes.* Was fürchtest du
alter Mann, alter Narr? Kaiser und Richter, Ihr steckt ja doch unter
einer Decke. Der neue Kaiser wird nicht besser sein als der alte. Wir
Armen werden auch unter seinem Drachenbanner rechtlos am Straßenrand verrecken. Haitang ist unschuldig wie eine Sonnenblume
oder der Abendstern. Sie soll nicht sterben. Die Unschuld ist unsterb-
lich. Mit meinen Fäusten will ich dem Henker das Beil aus der Hand
reißen und der Ungerechtigkeit in den erhobenen Arm fallen.

TSCHU. Wer ist der Kerl, der die Majestät lästert? Gerichtsdiener, auch
mit ihm in den Block. Er hat des Kaisers Majestät gelästert. Seine
Majestät wird sich mir erkenntlich zeigen, wenn ich ihr einen solchen
Übeltäter bringe, der das Fundament des Staates unterwühlt wie ein

Maulwurf. Es soll nicht heißen, daß ich es an Strenge revolutionären Elementen gegenüber fehlen lasse. Auf nach Peking!

Vorhang.

Vierter Akt

Schneesturmlandschaft. Man hört die Soldaten hinter der Szene singen.

Soldat, du bist mein Kamerad,
Marschierest mir zur Seite.
Der Kaiser, der befehligt uns,
Kein Mädchen mehr beseligt uns,
Soldat, du bist mein Kamerad,
Marschierest mir zur Seite.
Soldat, du bist mein Kamerad,
Wenn du das Schwert verloren,
So deck' ich dich mit meinem Schild
Und bin als Bruder dir gewillt.
Soldat, du bist mein Kamerad,
Wenn du das Schwert verloren.
Soldat, du bist mein Kamerad,
Wenn unsre Knochen bleichen,
Mond fällt auf uns wie gelber Rauch,
Der Affe schreit im Bambusstrauch.
Soldat, du bist mein Kamerad,
Wenn unsre Knochen bleichen.

Haitang, gefesselt und im Holzblock, von zwei Soldaten eskortiert, die sie prügeln.

ERSTER SOLDAT. He, vorwärts, Tochter einer Schildkröte! Ich werde deine Mutter schänden, wenn du deine Beine nicht flinker bewegst. Meinst du, es ist ein Vergnügen, dich durch den Schneesturm zu eskortieren?

HAITANG. Erbarmen, lieber Herr!

ERSTER SOLDAT. Hopla, Grashüpfer! Spring ein wenig!

HAITANG. Das Gewicht des Blockes ist zu schwer für mich. Es zieht mich nieder. Ich bin am Ende meiner Kräfte.

ERSTER SOLDAT. Und wir am Ende unserer Geduld.

HAITANG. Ich leide.

ZWEITER SOLDAT. Die Leiden sind dem Weibe nötig, damit sein Charakter sich entwickelt – steht in einem pädagogischen Buch. Vorwärts!

HAITANG. Ich sterbe.

ERSTER SOLDAT. Ein guter Tod ist das halbe Leben. Vorwärts!

HAITANG. Kennt Ihr nicht das Gebot des heiligen Katechismus, Mitleid mit jeder Kreatur zu haben?

ZWEITER SOLDAT. Ja, Mitleid mit jeder Kreatur. Jeder kann sich die Kreatur aussuchen, mit der er Mitleid haben will. Ich habe in diesem scheußlichen Schneesturm zum Beispiel Mitleid mit mir.

HAITANG. Ich falle. Der Weg ist vereist. Ich kann keinen festen Boden unter den Füßen finden.

ERSTER SOLDAT. Du hast den Boden unter den Füßen längst verloren. Vorwärts!

HAITANG *fällt.*

ERSTER SOLDAT. Wart, ich will dich lehren zu fallen. Verdammtes Weibsstück, du hast *Fällt selbst.* mich behext.

HAITANG. Die Knie brechen mir.

ERSTER SOLDAT. Wer ein Verbrechen begangen hat, muß es auch büßen. Warum hast du deinen dicken Mann umgebracht und der ersten Frau das Kind rauben wollen?

HAITANG. Ich habe keinen rechtschaffenen Richter gefunden. Der Herr der sieben Hügel, der über den Wolken thront, der Herr des südlichen Polarsterns, der Herr der hundert Zeichen mag es bezeugen. Er wird gnädiger sein als die Menschen.

ERSTER SOLDAT. Wie, beschuldigst du den Herrn Oberrichter, Exzellenz Tschu-tschu, eines Falschspruches? Danke dem Himmel, daß wir über diese freche Anschuldigung hinweghören. Gemäß unserem Reglement müßten wir's zur Anklage bringen, und bevor man dir den Kopf abschlägt, würdest du wegen Beamtenbeleidigung noch ein wenig gestäupt werden.

ZWEITER SOLDAT. Warum gibst du uns nichts von dem deinen? Kesch … Kesch … Dann brauchst du dich den Teufel um die Redlichkeit oder Unredlichkeit der Richter scheren. Wir ließen dich sofort laufen und machten uns selbst aus dem Staube.

HAITANG. Wie gern würde ich Euch beschenken, ob Ihr mich freiließt oder nicht. Ja, ich würde es nicht zulassen, daß Ihr mich freigebt und meinetwegen Unannehmlichkeiten hättet, aber ich habe nichts als mein armseliges Herz.

ERSTER SOLDAT. Selbstlose Liebe ist ein allzu billiges Vergnügen.

HAITANG. Hätte ein Wolf mich angeklagt, eine Hyäne über mir zu Gericht gesessen, sie hätten Mitleid mit mir gehabt. Wäre eine Dohle, die als besonders lügnerisch gilt, als Zeugin gegen mich aufgetreten, sie hätte nicht solche Lügen erfinden können wie diese meineidigen Zeugen.

ZWEITER SOLDAT. Du wirfst den Zeugen Meineid vor? Wo hast du denn Beweise dafür?

HAITANG. Mein Herz.

ERSTER SOLDAT. Dein Herz? In dein Herz vermögen wir nicht zu sehen. Es wird wohl auch finster genug sein.

HAITANG. Noch leuchtet ein schwaches Licht darin, die Hoffnung –

ZWEITER SOLDAT. Die Hoffnung, worauf?

HAITANG. Sind alle Menschen denn schlecht, ist einer die Bestie des andern?

ERSTER SOLDAT. Du darfst nicht von dir auf andere schließen. Ich zum Beispiel habe noch nie etwas Böses getan. Sieh mich an! Ich habe alle Gebote der Zeremonienbücher immer strikt gehalten, ich habe Vater und Mutter geehrt und ihnen kostbare Särge gekauft, ich diene meinen Vorgesetzten in Ergebenheit, ich habe ein gutes Gewissen.

HAITANG. Wie kannst du ein gutes Gewissen haben, wenn du gezwungen bist, einen armen Menschen wie mich zu schlagen?

ERSTER SOLDAT. Woher weiß ich, daß du unschuldig bist?

HAITANG. Ich dachte immer, daß unschuldige Menschen einen Glanz um die Stirne haben. Es stand in dem ersten Schulbuch zu lesen, das ich las.

ZWEITER SOLDAT. Laß sehen! Ich sehe keinen Glanz um deine Stirne als den Glanz der Schneeflocken.

HAITANG. Mein Kind – wo ist mein Kind?

ERSTER SOLDAT. Bei seiner Mutter, verstocktes Weib, das selbst der Holzblock nicht zur Buße und Einkehr zwingt.

HAITANG. Da kein Mensch mehr hört, will ich meine Klage in den Schneesturm schreien. Höre mich, Sturm! Ich klage es dir, Schnee! Ihr Sterne hinter den Wolken, lauscht! Und unter der Erde, ihr, die ihr den Winterschlaf schlaft: Maulwurf und Hamster und Kröte, ihr

510

träumenden Dämonen auch, wacht auf! Es darf kein Schlaf und kein Traum sein, wenn einem Menschen Unrecht und Untat geschieht. Ihr Toten in den Särgen, angetan mit den Gewändern aus Brokat oder Sackleinewand, schüttelt eure schlotternden Glieder wie Pagodenglocken, daß sie klingen, daß sie zum Aufruhr läuten! Erhebt euch! Kommt über die weißen Felder gewandert wie weiße Ratten über den Schnee! Helft mir, die eure Schwester schon, und halb nur noch im Leben wandelt! Ich rufe euch, ihr Toten, zum Gericht über mich. In euch, die ihr allen Flitter der Welt abgeworfen, selbst euer Fleisch, ist kein Falsch. Ihr toten Mörder, kommt und sagt, ob ich gemordet! Ihr toten Lügner, kommt und sagt, ob ich log! Ihr toten Mütter, alle Mütter der Welt, schreit, ob ich mein Kind nicht mit Recht von den Räubern fordere! Seht doch, die Erde selbst trauert, sie hat ein weißes Gewand angelegt mir zu Ehren – es schneit – es schneit – weiß – immer weißer – die Erde trägt eine Robe aus dem Fell weißer Schafe, und sie hat sich eine weiße Fuchspelzkappe über das Haupt gezogen. Wie der Schnee so weiß, wie der Mond so weiß, werden unsere Häupter einmal sein. Was ist das für ein weißer Kreis am Himmel, wie mit Kreide gezogen? Zwischen den Wolken, du mildes Angesicht des Mondes, blinke mir Hoffnung zu! Der Schnee fällt, Flocke um Flocke. Die Götter scheren ihre kleinen Lämmer. Meine Tränen fallen wie die Flocken. Wo meine Tränen in den Schnee fallen, färbt sich der Schnee rot. Ich weine Blut. Ich höre die Schreie der Raben in den Lüften. Ich sehe ihre Fußspuren im Schnee. Man sagt, die Schrift sei den Fußspuren der Vögel nachgebildet. Ich lese mein jämmerliches Schicksal im Schnee. Ach, selbst die Aasgeier bejammern mein Los. Unter der Eisdecke des Flusses ein Stöhnen. Es ist die Flußgöttin, sie seufzt über das Elend der Menschen. Ich bitte Euch, liebe Herren, nehmt Eure Schwerter und schlagt ein Loch in das Eis, und laßt mich in die nassen, kalten Fluten sinken, versinken! So eisig die Umarmung der Flußgöttin – sie wird wie Feuer brennen gegen die kalten Herzen der Menschen …

ERSTER SOLDAT. Zu lang schon haben wir dein Quäken mitangehört, Wasserfrosch. Vorwärts jetzt! Der Weg nach Peking, wo der neue Kaiser in eigner himmlischer Person den ersten Hinrichtungen seiner Ägide beizuwohnen geruhen wird, ist noch weit.

ZWEITER SOLDAT. Es ist eine Ehre für dich, unter den Augen des Kaisers zu sterben. Sieh zu, daß du anmutig den Kopf auf den Richtblock legst, damit der Kaiser ein Wohlgefallen an dir habe.
ERSTER SOLDAT. Vorwärts!

Wie ein Echo von der andern Seite: Vorwärts mit dir, du Lump!

Hörtest du nicht Stimmen im Dunkel?
ZWEITER SOLDAT. Mir war so, als riefe uns jemand zu.

Von rechts kommt Tschang-ling, ebenfalls von zwei Soldaten eskortiert, die hölzerne Krause um den Hals.

DRITTER SOLDAT. Vorwärts, du Schwerverbrecher, du Revolutionär, dir wird man es eintränken.
VIERTER SOLDAT. Begehrt gegen die Staatsgewalt auf, die sich in uns verkörpert.
DRITTER SOLDAT. Hat ein Attentat auf die geheiligte Person der Majestät an geweihter Stelle mitten im Gerichtssaal begangen.
VIERTER SOLDAT. Wollte ihm das Messer mit dem Zeichen der Lotosblüte in die Brust stoßen.
TSCHANG-LING.
  So einsam wir durch unsre Tage gehen,
  Daß wir kein Weib, keinen Hund uns zur Seite sehen.
  Sie stehen links und rechts und reichen sich die Hände
  Und stehen da wie schwere, graue Wände,
  Mich zu zerschmettern. Gepeitscht von ihren Gedanken,
  Muß ich durch ihre dumpfe Gasse schwanken.
  Sie schließt sich hinter mir zum eisernen Wall.
  Grell durch die Einsamkeit dröhnt meiner
  Taumelschritte Widerhall.

O Leid! O Zeit! Was kam ich in einem Land zur Welt, wo Gerechtigkeit nur ist für die Reichen, und die Armen ein Spielball sind ihrer herrischen Lüste! In diesem Land gilt gut als böse, und böse als gut. Der Ochsenfrosch bläst sich auf und will singen. Der Schmetterling fällt in den Teich und ertrinkt. Wer vor Hunger zu Boden stürzt, erhält noch einen Tritt in den Leib. Der Reiche, der sich von der Arbeit der Armen mästet wie eine feiste Ente, lächelt ihrer Tränen. Hier spricht jeder eine andere Sprache. Der Vater versteht den Sohn nicht, und der Sohn nicht den Vater. Liebe – Liebe – was ist das für ein sinn- und gewinnloses Wort! Krähenspuren im Schnee, wie bald sind sie verweht. Der Mann prügelt grinsend die Frau. Lächelnd betrügt die Frau den Mann. Die Kinder werfen mit Steinen nach dem Greis. Der blinde Bettler an der Tempelpforte ist ihnen ein Hohngelächter. Wenn Krieg ist, winseln sie um Waffenstillstand, aber wenn Friede ist, gehen sie mit Messern aufeinander los. Einer ist die Bestie des andern. Sie hassen den eigenen Volksgenossen heißer als den Feind außerhalb der Landesgrenze. Da der Feind mächtig ist, und ihre Waffen wie Weidenruten sind gegen einen Wald von Speeren, so erproben sie ihren Kampfesmut an ihren schwächeren Volksgenossen und schlagen todesmutig und todeswütig den eigenen Bruder tot, wenn er keine Waffe hat, sich zu wehren; oder sie schießen aus dem Hinterhalt mit vergifteten Pfeilen nach ihm. Auf den Kathedern der gelehrten Schulen sitzen Esel als Professoren – dutzendweise. Sie haben sich Löwenfelle übergezogen und predigen den Krieg. Die Esel gegen die Löwen, der Hase gegen die Füchse. Neulich begegnete ich aber einem wahrhaft weisen Manne. Er war als Zugtier vor einen Karren gespannt, die Geißel flog über seinen entblößten Rücken, und er wieherte wie ein Pferd. Laßt ihn nur, schrie der Kutscher blökend, er ist im Monat des Pferdes geboren. Laßt ihn nur Pferd sein. Der Kaiser aber sitzt in Peking auf seinem Thron aus Lapislazuli. Er hält die Augen geschlossen wie Gott Fo. Er sieht nur nach innen und meditiert. Ach, daß ich Gott selbst das Messer mit der Lotosblüte in den Bauch rennen könnte!

DRITTER SOLDAT. Er lästert Gott und die Heiligkeit der Majestät! Na warte, Bürschchen! Tausend Bambushiebe sind dir vor der Exekution noch so sicher wie das Amen beim Gebet.

HAITANG *aufschreiend.* Bruder!

TSCHANG-LING. Schwesterseele!

ERSTER SOLDAT. Kamerad, wenn es dir recht ist, so wollen wir, da unsere Transporte ja doch den gleichen Weg nach Peking haben, die Verbrecher mit den Zöpfen zusammenbinden. Nun werden sie leichter vorwärts zu treiben sein.

DRITTER SOLDAT. Das wollen wir also tun.

Morgenstimmung, es hat aufgehört zu schneien.

Hier muß eine Schenke in der Nähe am Wege liegen. Da wollen wir uns Glühwein geben lassen und unsere erstarrten Glieder etwas wärmen. Es war eine bitterkalte Nacht.

Klopfen an die Schenke, die aus dem Morgenrot taucht.

Heda! Aufgemacht!

WIRT *von innen.* Sofort, meine Herren, sofort! *Schlüsselrasseln. Von fern Trompetenstöße.*

ERSTER SOLDAT. Das ist das Zeichen Seiner Exzellenz, des Oberrichters Tschu-tschu. Er ist ebenfalls auf dem Weg nach Peking.

Läufer. In einer Sänfte wird Tschu-tschu vorübergetragen. Kotau der Soldaten und des Wirts. Tschang-ling und Haitang bleiben aufrecht stehen.
In einer zweiten Sänfte Tschao. In einer dritten Yü-pei, jetzt Frau Tschao, mit dem Kinde. Als Haitang das Kind sieht, stürzt sie auf die Sänfte zu, reißt Tschang-ling mit sich.

ZWEITER SOLDAT. Zurück mit dir, Weibsstück! Wirst du wohl die hohen Herrschaften nicht belästigen?

HAITANG. Mein Knabe Li! Erkennst du mich? Erkennst du deine Mutter?

Der Zug der Sänften wie ein Schattenzug ab.

ERSTER SOLDAT. Wirt, schnell für jeden von uns einen Glühwein. Und dann ihnen nach. Um Mittag müssen wir in Peking sein.

WIRT. Sofort! Heißes Wasser ist schon angesetzt. Sollen die Herren Verbrecher ebenfalls einen Schluck –?

DRITTER SOLDAT. Wenn sie das Geld haben zu zahlen, habe ich nichts dagegen.

TSCHANG-LING *ist zusammengesunken.* Ich habe kein Geld; aber ich sterbe, ich erfriere, ich verdurste.

HAITANG. Herr Wirt, ich habe kein Geld; aber ziehen Sie mir den kleinen Übermantel aus, ich flehe Sie an, nehmen Sie ihn als Bezahlung für ein Glas Wein. Trink, Bruder, trink, das wird dich wieder zum Leben erwecken. 514

TSCHANG-LING. Die Sage geht, daß vom Silberstern zuweilen Engel auf die Erde herniedersteigen. Haitang, bist du ein Mensch?

SOLDATEN. Vorwärts nun, zum Kaiser!

HAITANG. Sonne, ich habe meinen Schatten verloren. Sonne, rote Blüte im Schnee, wenn du am Abend verblaßt, wirst du deine welken Blütenblätter auf das Doppelgrab eines Bruders und einer Schwester streuen.

Alle ab. Gleich darauf erscheint mit einer Papierlaterne der Wirt und ruft ihnen nach.

WIRT. Herr Unteroffizier, Herr Unteroffizier, Sie haben das Bezahlen vergessen!

SOLDATEN *aus der Kulisse.* Komm her, wenn du bezahlt sein willst – fünfundzwanzig Stockhiebe für jeden Glühwein!

WIRT.
Da steh ich nun, ich armer Mann,
Und nimmt kein Gott sich meiner an.
Wer eine Waffe trägt in der Hand,
Der hat die Macht im ganzen Land.
Darf ungestraft stehlen, rauben, morden
Und ist am Ende gar Kaiser geworden.
Der Heilige ein Dummkopf, der Mörder ein Held –
Wo ist Gerechtigkeit auf der Welt?

Er bläst seine Laterne aus. Die Sonne steht als roter Ball über der Schneelandschaft.

Vorhang.

Fünfter Akt

Die ersten Szenen spielen vor einem Vorhang, der später sich öffnet und den Thronsaal des kaiserlichen Palastes in Peking zeigt.

KAISER *der ehemalige Prinz Pao*. Diktiere, Bruder Dichter, deine Verse, die Verse, die dir heute nacht zwischen Traum und Wachen eingefallen sind; ich will sie niederschreiben mit silberner Tusche auf Schwarz.

DICHTER. Improvisation des Kaisers für eine ferne Geliebte – schreib, Bruder Kaiser –

> Blume
> Frau,
> Dem Kaiser ist ein Lächeln eingegraben,
> Ewiges Lächeln, unvergänglich, seit er dich sah.
> Die Jahreszeiten fliehen an dir vorüber
> Auf jagenden Rossen –
> Du bleibst dir gleich
> Dir treu
> Auf der Nordseite der Terrasse
> Beugst du die jungfräulichen Brüste über das Blumengeländer
> Eine Blume zwischen den Lippen.

KAISER *schweigt, dann*. Du sprichst aus meinem Herzen, Li. Kennst du die Frau, an die ich oft denke?

DICHTER. Ich kenne sie nicht, doch wird sie deiner würdig sein.

KAISER. Sie war Teehausmädchen in Nanking. Es ist ein Jahr her. Damals lebte der alte Kaiser noch, damals war ich noch der simple Prinz Pao, und mich hatte nicht das Los unter fünfzehn kaiserlichen Prinzen zum neuen Kaiser erwählt. Ich wollte einen Abend totschlagen, wie ich so viele meiner leeren Abende und Nächte totgeschlagen mit einem Mädchen, Reiswein, Gesang und Tanz in einem Teehaus. Ich ging in das erste beste am Weg. Ein weißer Vogel auf schwarzem Grund war sein Schild. Was für einen schönen, weißen Vogel traf ich im Käfig drinnen!

DICHTER. Ihr zwitschertet zu zweit im Wechselgesang –

KAISER. Bis ein Habicht aus den Wolken stieß und mir den kleinen, weißen Vogel raubte.

516

DICHTER. Du verfolgtest den Räuber deines Glückes?

KAISER. Ich hatte kein Recht dazu.

DICHTER. Und fragt ein Liebender nach Recht und Macht?

KAISER. Vielleicht, daß ich zu wenig liebte?

DICHTER. Wer liebt, der stiehlt und mordet um sein Glück.

KAISER. Gerechtigkeit – so heißt des Kaisers oberstes Gesetz und aller Tugenden Tugend. Ich habe darum für heute alle Verbrecher, die in meinem Reich seit meiner Thronbesteigung zum Tode verurteilt wurden, samt ihren Richtern hierher in meinen Palast entboten, um Gerichtstag zu halten. Ich habe Frieden geschlossen mit den Feinden des Landes, den Tataren; mich dauerte das unnütz vergossene Blut. Vergossen um den Besitz einer dürren, unfruchtbaren, gleichgültigen Provinz an der Wüste Gobi. Ich trat sie leichten Herzens dem Feinde ab. Nun will ich gegen die inneren Feinde zu Felde ziehen. Der innere Feind aber ist vor allem – ein bestechliches Beamtentum. Ungetreue Richter, deren Seele vergeizt und verfilzt und deren Urteil käuflich ist wie Fische am Markt. Ich will den Unterdrückten meines Volkes helfen, ich will ihr Bruder, nicht ihr Richter sein. Mein Schatten aber genüge schon, den Bösewichtern Schrecken einzujagen. Die Lilie meines Wappens für die Guten, das Schwert darin für die Schurken. Auf den steinernen Tisch, in den die Gesetze eingegraben sind, habe ich das Zeichen »Im Namen des Gottes« eingraben lassen. Wer dieses Zeichen sieht, der sei von heiliger Scheu durchdrungen. Denn der Gott richtet durch meinen Mund.

Ein Zeremonienmeister tritt auf.

ZEREMONIENMEISTER. Untertänigst zu vermelden, Euer Majestät, es ist Zeit, sich zu der Sitzung umzukleiden.

KAISER. Ich komme. Begleite mich, Li. Setz mir die Krone auf. Aus wessen Händen nähme ich sie lieber, als aus den deinen. Ich will, daß unsere Freundschaft immer bestehe und du immer um mich seist. Ich werde dich zum Mitglied der Kaiserlichen Akademie der Wissenschaften und Künste und zum Oberaufseher der Annalen und Staatsarchive ernennen. Du mußt die sonderbaren und hervorragenden Ereignisse meiner Regierungszeit, der Nachwelt zum Denkmal, in Worte und Schriftzeichen fassen. Möge die Zeit meiner Regierung dir nur Anlaß zu guten Zeichen geben!

DICHTER. Ich danke dir: dem Menschen, dem Freund, dem Kaiser.

Alle drei ab. Es erscheinen Tschu-tschu, Tschao, Frau Ma, jetzt Frau Tschao, das Kind auf dem Arm.

TSCHAO. Warum bist du überhaupt mitgekommen? Deine Anwesenheit ist hier völlig deplaciert, um nicht zu sagen überflüssig.

FAWU MA. Kaum sind wir verheiratet, so hast du deine Maske der Ergebenheit und dienenden Liebe schon abgeworfen. Du gönnst mir auch keine Freude. Daß ich den Kaiser von Angesicht zu Angesicht sehen soll, das achtest du gering? Ich brenne danach, den Sohn des Himmels zu sehen.

TSCHAO. Er wird weniger nach dir brennen.

FAWU MA. Ist es wahr, daß die Krone ihm nach und nach auf dem Kopf festwächst? Daß seine Haare pures Silber werden und seine Fingernägel Perlmutter? Ist es wahr, daß der Blick seiner Augen töten kann, wen er will? Daß seine Augen blaue Saphire sind, und daß ihm die menschlichen bei der Thronbesteigung ausgestochen werden?

TSCHAO. Red keinen Unsinn, ungebildete, abergläubische Gans, und verhalte dich nur recht ruhig im Hintergrunde.

TSCHU. Ich muß ja sagen, daß mir nicht ganz wohl zumute ist, wenn ich daran denke, daß der Kaiser mit seinen Augen mich anblitzen wird. Er ist ein junger, tatkräftiger Herr. Er wird wie alle jungen Menschen reformsüchtig sein. Unter dem alten hatte unsereiner nichts zu befürchten. Er war so alt, daß er seine Augen selbständig gar nicht mehr aufhalten konnte. Bei Audienzen mußte man kleine Elfenbeinstäbchen zwischen die Lider stecken. Vor diesen Augen konnte man anstellen, was man wollte, sie entdeckten nichts. Aber der neue Herr – ich fühle einen leichten Schwindel im Kopf.

TSCHAO. Wenn Ihr Euch nicht zu beherrschen wißt, so könnt Ihr ihn leicht verlieren.

TSCHU. Den Schwindel? Das will ich hoffen!

TSCHAO. Den Kopf!

TSCHU. Nun, so fest wie der Eure sitzt er mir auch noch auf der Schulter.

Sie treten seitwärts. Der Vorhang hebt sich, und die Bühne stellt den Thronsaal dar. Im Hintergrund der Thronsessel des Kaisers. Trompetenstoß des Zeremonienmeisters. Alles fällt im Kotau nieder. Der Kaiser im Ornat schreitet langsam bis zum Thronsessel, auf dem er sich niederläßt.

518

KAISER.

Durch Gottes Gnade auf den Thron berufen,
Sandt ich in die Provinzen meines Reichs Stafetten,
Daß ich als erste Handlung meines Amts
Des Rechtes Banner hier errichten wollt –
Die goldene Fahne mit dem Drachen drin.
Es sollten Richter und Gerichtete
Vor meinem Thron erscheinen, Rechenschaft
Von sich und ihren Taten abzulegen.
Ich bin den Schmeicheleien unzugänglich,
Die Ohrenbläser blasen in die Luft.
Ich richte auch die Richter. Wer Beschwerde
Gegen sie hat, erhebe sie. Der gelbe Saal
Hat tausend Augen, alles zu durchschaun,
Und tausend Hände, die das Richtschwert schwingen.
Hier auf den Stufen meines Tribunales steht
Ti-sching gemalt: Sprich leise, handle leise, denke leise!
Ein jeder gehe mit sich selbst zu Rat,
Der hier das Wort ergreift. Im Park die Bäume
Sind kahl und ohne Blätter. Doch sie werden
Verbrecher, falsche Zeugen, falsche Richter
Als sonderbare Blüten tragen.

Zu Tschang-ling.

Du da,
Mit deinem Zopf an jenes Weib gebunden –
Soldaten, löst die Zöpfe – sage mir,
Warum bist du im Block, und was ist dein Verbrechen?
Was bleibst du stehn und fällst nicht in die Knie?

519 TSCHANG-LING.

Gäb es Gerechtigkeit in diesem Land,
Ich stünde nicht im Block vor dir.
Wer so viel litt, wie ich, der kniet
Vor keinem Menschen mehr.

KAISER. Du wagst es, mich zu duzen?

TSCHANG-LING.

Ich stehe vor dem Tod – vor dir –
Und soll ich mir den Kopf da noch beschweren

Mit all den Riten, Du und Sie und Euch
Und Majestät?
Doch wenn's dich schmeichelt, daß
Ein Mann aus niederer Kaste,
Niederer Gesinnung,
Dich »Majestät« nennt, gut, es sei.
Ich beuge mich der Majestät des Todes.
KAISER. Der Richter.

Tschu: Kotau.

Was verbrach der Mann?
TSCHU. Er lästerte des Himmels Sohn, die geheiligte Majestät. Keine
Strafe ist zu hoch für ihn. Er muß in hundertzwanzig Stücke zerschnit-
ten werden und sein Kopf auf der Mauer aufgespießt werden, den
Raben zum Fraß, den Untertanen zur Warnung, ihre Zunge besser
im Zaum zu halten.
TSCHANG-LING. Das vollgefressene Schwein stinkt aus dem Maul.
Die Lippe trieft vor Fett und Lügen.
KAISER. Er lästerte die Majestät – mit welchen Worten?
TSCHU. Er beschmutzte mit dem Unflat seiner Flüche den hohen Ge-
richtssaal von Tscheu-kong.
KAISER. Die Worte –
TSCHU. Untertänigst zu vermelden: – kaum wag ich, sie zu äußern;
die Zähne weigern sich, sie freizulassen – der neue Kaiser wird auch
nicht besser sein als der alte.
KAISER. Dies sagte er?
TSCHANG-LING. Und dieses noch dazu:

Wir Armen werden unter seinem Banner
Rechtlos am Straßenrand verrecken wie bisher.
Denn Recht hat nur, wer Macht hat, Geld, ein Amt.
Die Möglichkeit, den Richter zu bestechen
Mit Talerchen, mit einer schönen Frau,
Der eigenen vielleicht, was tut's?
Der Kaiser sitzt in Peking auf dem Thron –
Peking ist weit – des Kaisers Sinn so tief
Mit hoher Politik beschäftigt. Recht?
In China gäb es Recht! Daß ich nicht lache!

520

Er weint.

TSCHU. Er ist ein Revolutionär. Ein Mitglied des Bundes vom weißen Lotos.

KAISER. Du weinst; weinst du um dein Geschick?

TSCHANG-LING. Ich wein um China.

KAISER.
Nehmt ihm den Halsblock ab! Er sei befreit!
Wer solche Tränen weint, ist kein Verbrecher.
Sie netzen
Die Blume seines Herzens
Wie Tau.
Daß er mich lästerte, verzeih ich ihm.
Er lästerte aus einem edlen Willen,
Die schlechte Welt zu bessern.
Uns eint das gleiche hohe Ziel. Komm, sei mein Freund,
Und hilf mir, meinen Dornenweg zu schreiten!

TSCHANG-LING.
Du bist in Wahrheit aller Himmel Sohn.
Ich küsse deines Sternenmantels Saum.

KAISER. Ich lese hier einen mir vom *In Akten blätternd.* Richter zu Tscheu-kong *Tschu: Kotau.* eingereichten Bericht. Es handelt sich darin um eine Frau zweiten Grades namens Tschang-Haitang.

Tschang-Haitang hebt den Blick, den sie bisher gesenkt gehalten.
Kaiser und Haitang erkennen sich.

Diese Dame soll ihren Mann ermordet und sich aus Erbschaftsgründen des Kindes der ersten Frau haben bemächtigen wollen?

TSCHU. So ist es.

KAISER. Verbrecher dieser Art gehören in die zehn Kategorien, die mit dem Tode bestraft werden.

Haitang in die Knie sinkend.

KAISER. Tschang-Haitang, ist es wahr, daß du deinen Mann vergiftet und der ersten Frau das ihr gehörige Kind geraubt hast, um die reiche Erbschaft antreten zu können?

Haitang schweigt.

TSCHAO. Eure Majestät ist ein Spiegel, der sie blendet …

TSCHU. Eure Majestät ist die Sonne, die uns alle blendet.

KAISER. Tschang-Haitang, welchem Beruf gingest du nach, ehe du Herrn Ma heiratetest?

HAITANG.

> Am Ufer hinter Weiden steht ein Haus,
> Ein kleines Mädchen sieht zur Tür hinaus.
> An der Voliere steht der Mandarin,
> Ein kleiner Vogel singt und hüpft darin.
> Verschließ den Käfig, hüte gut das Haus,
> Sonst fliegt der Vogel in den Wald hinaus.

KAISER. Du warst ein Blumenmädchen?

Haitang nickt.

Wer waren die Besucher des Hauses hinter den Weiden?

HAITANG. Herr Ma holte mich aus dem Haus, den ersten Tag schon, den ich darin verbrachte.

KAISER. Hat niemand sonst dich dort besucht?

HAITANG. Ein junger Herr besuchte mich.

KAISER. Wer war der junge Herr?

HAITANG. Würd ich seinen jetzigen Namen nennen, er würde glauben, ich wollte, mein Schicksal zu erleichtern, ihm schmeicheln, um Linderung meiner Qualen betteln, Gnade vor Recht erflehen. Ich nenne seinen Namen nicht. Ich fordere Gerechtigkeit, sonst nichts.

KAISER. Und Liebe, würdest du nicht Liebe fordern, wenn du selber liebtest?

HAITANG. Ich liebe mein Kind.

KAISER. Die beschworenen Zeugenaussagen hier in den Akten besagen, daß das Kind, das du für dich in Anspruch nimmst, nicht dein Kind ist.

Haitang schweigt.

TSCHANG-LING. Die Zeugen sagten falsch aus. Sie sind bestochen von der ersten Frau.

FAWU MA. Er lügt.

KAISER. Der Richter ist dazu bestellt, wahres und falsches Zeugnis zu scheiden.

TSCHANG-LING. Der Richter war bestochen wie die Zeugen –

522

TSCHU. Er lügt.

KAISER. Die erste Frau des Mandarinen Ma ist im Saal, wo ist sie?

Frau Ma tritt vor. Kotau.

Weib, sprich, wer ist die Mutter des Kindes, das du auf dem Arme trägst?

FAWU MA. Ich bin es, Majestät –

KAISER. Gut. – Zeremonienmeister!

ZEREMONIENMEISTER. Majestät –

KAISER. Nehmt ein Stück Kreide, zieht einen Kreis hier auf dem Boden vor meinem Thron, legt den Knaben in den Kreis.

ZEREMONIENMEISTER. Es ist geschehen.

KAISER.

Und nun, Ihr beiden Frauen
Versucht, den Knaben aus dem Kreis zu ziehen
Zu gleicher Zeit. Die eine packe ihn am linken,
Die andere am rechten Arm. Es ist gewiß,
Die rechte Mutter wird die rechte Kraft besitzen,
Den Knaben aus dem Kreis zu ziehn.

Die Frauen tun wie geheißen. Haitang faßt den Knaben nur sanft an, Frau Ma zieht ihn brutal zu sich hinüber.

Es ist augenscheinlich, daß diese *Zu Haitang.* nicht die Mutter sein kann. Sonst wäre es ihr wohl gelungen, den Knaben aus dem Kreis zu ziehen. Die Frauen sollen den Versuch wiederholen!

Wieder zieht Frau Ma den Knaben an sich.

Haitang, ich sehe, daß du nicht die mindeste Anstrengung machst, das Kind aus dem Kreis zu dir herüberzuziehen. Was bedeutet das?

HAITANG. Ich fürchte den Groll der Majestät. Sie sieht finster zu mir herab wie ein Wolf oder Tiger und wird mich verschlingen, wenn ich nicht gehorche. Allein ich vermag es nicht. Ich habe dieses Kind unter meinem Herzen getragen neun Monate. Neun Monate hab ich mit ihm gelebt, neun Monate länger als andere Menschen. Ich habe alles Süße mit ihm genossen, alles Bittere mit ihm gelitten. Wenn er fror, wärmte ich seine Gliederchen. Seine Gelenke sind so zart und zerbrechlich, ich würde sie ihm ausdrehen, wenn ich meinerseits daran zerren wollte wie jene Frau. Die Arme des Kindes sind ja so

523

zart und zerbrechlich wie Strohhalme, wie Hanfhalme. Wenn ich mein Kind nur dadurch bekommen kann, daß ich ihm die Arme ausreiße, so soll nur jene, die nie die Schmerzen einer Mutter um ihr Kind gespürt hat, es aus dem Kreis ziehen.

KAISER *ist aufgestanden.* Erkennt die ungeheure Macht, die in dem Kreidekreis beschlossen liegt! Jene Frau *Zu Frau Ma.* trachtete sich des gesamten Vermögens des Herrn Ma zu bemächtigen und raubte darum das Kind. Da nun die wahre Mutter erkannt ist, wird auch die wahre Mörderin zu finden sein. Ich lese in den Akten den Wortlaut des Schwures, den Frau Ma gesprochen. Frau Ma, wiederholen Sie den Schwur!

FAWU MA. Ich – schwöre – bei – den – Gebeinen – *Gebrochen.* meiner – Ahnen, daß die, die nicht die Mutter des Kindes ist – Herrn Ma vergiftet hat.

KAISER. Ihr schwurt den entsetzlichen Schwur, daß Ihr selbst die Mörderin des Herrn Ma seid –

FAWU MA. So – ist – es –

KAISER. So bekennt Ihr Euch des Mordes an Eurem Gatten schuldig?

FAWU MA. Ich – bekenne – mich – schuldig.

KAISER. Die Delinquentin in den Stock. Werft ihr die hölzerne Krause über.

FAWU MA. Doch hat mich jener angestiftet, der mich liebt.

Auf Tschao weisend.

TSCHAO *winselnd.* Ich angestiftet? Ich dich lieben? Herr der Himmel, hört dieses lügnerische Schandmaul! Ist ihr Gesicht nicht ein einziger Schminktopf, und laufen unter der Schminke nicht die Runzeln wie in einem herbstlichen Acker die Furchen?

FAWU MA. Und dennoch wolltest du dir einmal meinethalben dein schmutziges Leben nehmen und sagtest mir einst, ich sei bezaubernd schön wie Kwanyin.

TSCHAO. Wie Kwanyin! Das ist wohl lange her! Und ich dich angestiftet? Wer hat die falschen Zeugen bestochen – die Hebamme, die zwei Kulis? Wer war gierig wie eine Elster nach Herrn Mas Vermögen? Ich bin nur ein kleiner, bescheidener Beamter. Wie hätte ich das Geld aufgebracht, den Nimmersatt Exzellenz Tschu, Oberrichter von Tscheu-kong, mit hundert Taels zu bestechen?

524

TSCHU. Ich hätte mich bestechen lassen, ich, der unbestechlichste Richter weit und breit?

KAISER. Ich vernehme von Ihrem sagenhaften Reichtum; ein unbestechlicher Beamter kann seinen Söhnen nicht Gold und Edelsteine hinterlassen.

TSCHAO. Drückt ich selbst Eurer Exzellenz dem goldgreifenden Tiger nicht den Beutel mit Gold in die Hand, den jene mir für Euch eingehändigt?

KAISER. Genug des unwürdigen Gekeifes und Gezänkes! Wie ein Rattenkönig seid Ihr miteinander verfilzt in Eurer Schuld.

> Bindet sie mit den Zöpfen aneinander.
> Und du, Haitang, der man so bitter Unrecht tat,
> Das reinste Geschöpf, das diese Erde trug, verdächtigte,
> Die man gerichtet ohne Grund und Recht –
> Ich trete ab vom Richterstuhl und lege
> Den Stab des Rechts in deine rechte Hand.
> Sprich du das Urteil über diese drei
> Aus deinem klaren Herzen, das
> Klar wie ein Quell allein den Himmel spiegelt.
> Ich hüte dir das Kind auf deinem Arm.

HAITANG *vom Thron.*

> Ich halte über Euch den Stab des Rechts –
> Und breche ihn, weil ich nicht richten will.
> Dem Menschen steht das Richteramt nicht zu,
> Der selber Unrecht denkt und Unrecht tut!
> Ich muß mich dessen wahrhaft schuldig sprechen.
> Der da ließ sich bestechen –

525   Ließ ich mich nicht bestechen einst durch eines Jünglings Wesen?

> Der fällte falsches Urteil –
> Fällte ich nicht falsches Urteil über Ma?
> Der zweite liebte. Seine Schuld war Liebe –
> Hab ich und Ihr, hat jeder nicht
> Aus Liebe schon gefehlt?
> Die Dritte – daß sie mir mein Kind gestohlen.
> Verzeih ich gerne ihr – stähl ich es selber doch,
> Das reizende, das liebliche,

Säh ich's bei einer andern.
Daß sie den Gatten tötete,
Dies freilich ist entsetzlich,
Und ein Gefühl der Rache steigt in meine unbewehrte Brust.

KAISER.
Was diese drei dir angetan,
Du achtest es für nichts?

HAITANG. Wie darf der Richter Recht von sich aus sprechen? Das höchste Wesen sprech aus seinem Mund!

So sprech ich Tschu und Tschao des Richteramts verlustig –
Sonst sind sie frei und mögen gehen, wohin es ihnen gefällt.
Frau Ma, auch Ihr seid frei – doch freigesprochen nicht.
Gewiß besitzt Ihr noch von jenem Zucker,
Den Ihr Herrn Ma einst in den Tee geschüttet,
Geht – kocht Euch Tee – und sprecht Euch Euer Urteil selbst!

Tschao, Tschu und Frau Ma ab.

Tschang-ling, mein Bruder!

KAISER. Ich verleihe ihm den durch das Ausscheiden des Herrn Tschu erledigten Richterstuhl von Tscheu-kong.

TSCHANG-LING. Leb wohl! Des Lotos weiße Blüte wird immer über dir leuchten!

*Ab. Die Seitenvorhänge fallen, die letzte Szene spielt wie die erste
des fünften Aktes vor ihnen.*

HAITANG. Mein Kind! Mein Kind! Mein Pantherköpfchen, mein Luchsäuglein, mein Hasenöhrchen, mein Aprikosenwängelein, mein Pfirsichärschlein! Trugst ein kleines Mützchen, hab ich selbst gestrickt, hab ich dreingestickt die acht Genien und den Gott des langen Lebens. Kleine Schellen klingeln an der Mütze, hör dich, kleiner Narr; dunkelrot ist dein Rock, grün dein Jäckchen, buntes Höschen wie ein Hahn, wie ein Pfau. Deine Schuhchen vorn sperren sich wie ein Tigerrachen – ha! wie er nach mir schnappt, der böse Tigerschuh! Wie süß du duftest, wenn man dich küßt! Du hast auch einen schönen Namen bekommen: Li heißt du; das bedeutet Licht, Licht meines Lebens! Leuchte meiner Nacht! Drachensproß, Phönixsohn! Der Herr des südlichen und nördlichen Polarsternes verleihe dir ein langes Leben von neunundneunzig Jahren! Du wirst einst im hellen Glanz erstrahlen! Die Sonne wird sich beschämt verkriechen, und der Mond sich mit seinem goldenen Krummschnabel den Bauch aufschlitzen. Du aber wirst leuchtend auf dem Turm der azurnen Wolken stehen. Ich bin so froh und beglückt um dich. Ich danke dem höchsten Wesen, daß es mich erschaffen, den Eltern, daß sie mich erzogen, der Erde, daß sie mich ernährt hat.

> Verborgenes ward durch Liebe offenbar.
> Die Dunkelheit ward durch die Liebe klar.
> Die Liebe macht die Lügner stumm.
> Die Liebe bringt die Hoffart um.
> Die Liebe brennt wie Sonn' so sehr,
> Die Liebe rast wie Sturm im Meer,
> Die Liebe bringt den Tod zu Fall.
> Und Liebe, Liebe überall!

KAISER. Haitang –

HAITANG. Mein kaiserlicher Freund –

KAISER. Noch auf ein Wort, bevor ich dich entlasse.

HAITANG. Entlaßt Ihr mich? Verlaßt Ihr mich so bald?

KAISER. In jener Nacht, da Ma im Hause Tongs dich kaufte, du erinnerst dich?

HAITANG. Wie könnt' ich jene Nacht vergessen, da ich zum erstenmal Euch sah –

KAISER. Sag, was geschah in jener Nacht im Hause Mas?

HAITANG. Man brachte mich in ein Zimmer zu ebener Erde, dessen Schiebetüren nach dem Garten hinausgingen. Ich weinte, bat um Ruhe. Herr Ma ließ mich allein. Ich trat auf die Terrasse. Der Mond schien. Die Blumen dufteten. Im Park sprang ein Springbrunnen. Es war so drückend heiß, daß ich die Tür zum Garten offen ließ. Als ich mich niederlegte, da hatte ich einen wunderlichen Traum –

KAISER. Was träumtest du?

HAITANG. Ich träumte, ich läge im Zimmer bei Ma, wo ich in der Tat auch lag, und es käme ein junger Herr durch den Park geschlichen, leise, wie der Panther schleicht. Er trat in mein Zimmer, setzte sich auf das Kang, auf dem ich lag, legte sich zu mir, liebte mich, umarmte mich wie ein Ehemann sein Eheweib.

KAISER. Wie kommt es, daß du diesen Traum so treu bewahrtest im Gedächtnis?

HAITANG. Ei, lieber Herr, ich träumte von Euch, daß Ihr zu mir gekommen. Und wenn ich recht bedenke, war im Traum ich herzlich froh, daß Ihr die Blume meines Parkes pflücktet.

KAISER. Dies alles träumtest du?

HAITANG. Ich träumt' es nur.

KAISER. Haitang, was du geträumt, es hat in Wahrheit sich begeben. Ich folgte dir in jener Nacht, stieg übern Bambuszaun, schlich in dein Schlafgemach, und derart schön erschienst du mir, daß ich entzündet wurde und meiner Sehnsucht und Begier nicht widerstand. Ich liebte dich, die Schlafende, die einmal nur im Schlafe leise seufzte. Kannst du verzeihen, was ich aus allzu großer Liebe gewagt?

HAITANG.
Verzeihen will ich dir, wenn du dies Kind
Als deins erkennst, denn also muß es sein.
Gezeugt hat es der Sturm, geboren hat's der Wind.
Sein Pate war der gelbe Mondenschein.

KAISER. Noch heut verkünd ich dich dem Volk als meine Gattin.

HAITANG *hebt das Kind hoch.*
Mein Mondkind! Mein Sonnenkind!
Mein Schmerzenskind! Mein Herzenskind!
Ich habe alles Leid auf mich genommen
Das je dich könnte überkommen.
Dir werden alle Glocken Freude läuten.
Dir werden alle Tage Glück bedeuten.
Gerechtigkeit, sie sei dein höchstes Ziel,
Denn also lehrt's des Kreidekreises Spiel.

Vorhang. 528

Biographie

1890   *4. November:* Klabund (eigentlich Alfred Henschke) wird in Crossen an der Oder als Sohn eines Apothekers geboren.

1906   Klabund besucht das Friedrichs-Gymnasium in Frankfurt an der Oder. Zu seinen Mitschülern gehört Gottfried Benn.
Er erkrankt an Tuberkulose, die nie richtig ausheilt. Zeitlebens sind häufige Kuraufenthalte in der Schweiz und in Italien erforderlich.

1911   Abitur.
Klabund studiert zunächst Chemie und Pharmazie, dann Philosophie, Philologie und Literatur in München, Berlin und Lausanne (bis 1912). In keinem der Fächer macht er einen Abschluss.

1913   Erste Gedichte erscheinen in Alfred Kerrs Zeitschrift »Pan«. Autor und Herausgeber müssen sich danach wegen Veröffentlichung »unsittlicher« Verse vor Gericht verantworten, erlangen jedoch mit Hilfe der Gutachten von Frank Wedekind und Richard Dehmel einen Freispruch.
Die Herkunft des Pseudonyms Klabund, unter dem er veröffentlicht, ist nicht eindeutig geklärt. Ein Apotheker-Kollege des Vaters trägt den Namen, andere Deutungen berufen sich auf die Bildung aus »Vagabund« und »Klabautermann«.
»Morgenrot! Klabund! Die Tage dämmern!« (Gedichte).

1914   Anfängliche Begeisterung für den Krieg.
»Klabunds Karussell« (Novellen).

1915   »Der Marketenderwagen« (Erzählungen und Gedichte).
»Dumpfe Trommel und berauschtes Gong. Nachdichtungen chinesischer Kriegslyrik«.

1916   Wegen seiner Krankheit hält sich Klabund in Davos auf (bis 1918).
»Moreau. Roman eines Soldaten«.
»Die Himmelsleiter. Neue Gedichte«.

1917   Angesichts des Kriegsgeschehens wandelt sich Klabund zum Pazifisten.
3. Juni: Er fordert Kaiser Wilhelm II. in einem Brief, der in der »Neuen Zürcher Zeitung« abgedruckt wird, zur Abdankung

auf, um den Völkerfrieden zu ermöglichen.

»Mohammed. Der Roman eines Propheten«.

Nachdichtungen persischer Lyrik.

1918 Klabund bekennt sich in René Schickeles Zeitschrift »Weiße Blätter« zu seiner Wandlung zum Pazifismus.

»Bracke« (Eulenspiegelroman)

»Der himmlische Vagant. Ein lyrisches Porträt des François Villon« (Gedichte).

Eheschließung mit Brunhilde Heberle, die noch im gleichen Jahr nach der Geburt einer Tochter an einer Lungenkrankheit stirbt. Sie ist die »Irene« zahlreicher Gedichte Klabunds.

»Die Geisha O-sen« (Nachdichtungen japanischer Lyrik nach englischen und französischen Übersetzungen).

1919 Klabund wird wegen angeblicher Verbindung zum Münchener Spartakus und wegen »Vaterlandsverrat« und »Majestätsbeleidigung« verhaftet und kurze Zeit im Zuchthaus Straubing in »Schutzhaft« festgehalten.

»Hört! Hört!« (Gedicht-Flugschrift).

»Montezuma. Eine Ballade«.

1920 »Die Sonette auf Irene« (Gedichte).

Klabund verfasst Lieder und Chansons für Max Reinhardts Kabarett »Schall und Rauch«, die er teilweise auch selbst vorträgt (bis 1921).

1921 »Kleines Klabund-Buch« (Novellen und Gedichte).

Klabund wird Mitarbeiter der von Siegfried Jacobsohn geleiteten Zeitschrift »Weltbühne«.

1922 »Kunterbuntergang des Abendlandes« (Grotesken).

»Deutsche Literaturgeschichte in einer Stunde« (Abhandlung).

1923 »Pjotr. Roman eines Zaren«.

»Das heiße Herz« (Balladen, Mythen, Gedichte).

»Geschichte der Weltliteratur in einer Stunde« (Abhandlung).

1925 Zweite Eheschließung mit der Schauspielerin Carola Neher.

»Der Kreidekreis« wird zu einem der meistaufgeführten Dramen der Weimarer Republik. Klabunds Bearbeitung der chinesischen Fabel dient Bertolt Brecht zum Vorbild für seinen »Kaukasischen Kreidekreis« (1945).

1927 »Die Harfenjule. Neue Zeit-, Streit- und Leidgedichte« versammelt Klabunds Lieder und Chansons für Reinhardts Kabarett

»Schall und Rauch« und für Rosa Valettis »Café Größenwahn«.

1928 »XYZ« (Komödie).

14. August: Klabund stirbt im Alter von 38 Jahren in Davos (Schweiz) an seiner unheilbaren Lungenkrankheit.

Erzählungen aus dem Biedermeier

Biedermeier - das klingt in heutigen Ohren nach langweiligem Spießertum, nach geschmacklosen rosa Teetässchen in Wohnzimmern, die aussehen wie Puppenstuben und in denen es irgendwie nach »Omma« riecht.

Zu Recht. Aber nicht nur.

Biedermeier ist auch die Zeit einer zarten Literatur der Flucht ins Idyll, des Rückzuges ins private Glück und der Tugenden. Die Menschen im Europa nach Napoleon hatten die Nase voll von großen neuen Ideen, das aufstrebende Bürgertum forderte und entwickelte eine eigene Kunst und Kultur für sich, die unabhängig von feudaler Großmannssucht bestehen sollte.

Georg Büchner Lenz **Karl Gutzkow** Wally, die Zweiflerin **Annette von Droste-Hülshoff** Die Judenbuche **Friedrich Hebbel** Matteo **Jeremias Gotthelf** Elsi, die seltsame Magd **Georg Weerth** Fragment eines Romans **Franz Grillparzer** Der arme Spielmann **Eduard Mörike** Mozart auf der Reise nach Prag **Berthold Auerbach** Der Viereckig oder die amerikanische Kiste

ISBN 978-3-8430-1884-5, 444 Seiten, 29,80 €

Erzählungen aus dem Biedermeier II

Annette von Droste-Hülshoff Ledwina **Franz Grillparzer** Das Kloster bei Sendomir **Friedrich Hebbel** Schnock **Eduard Mörike** Der Schatz **Georg Weerth** Leben und Taten des berühmten Ritters Schnapphahnski **Jeremias Gotthelf** Das Erdbeerimareili **Berthold Auerbach** Lucifer

ISBN 978-3-8430-1885-2, 440 Seiten, 29,80 €

Erzählungen aus dem Biedermeier III

Eduard Mörike Lucie Gelmeroth **Annette von Droste-Hülshoff** Westfälische Schilderungen **Annette von Droste-Hülshoff** Bei uns zulande auf dem Lande **Berthold Auerbach** Brosi und Moni **Jeremias Gotthelf** Die schwarze Spinne **Friedrich Hebbel** Anna **Friedrich Hebbel** Die Kuh **Jeremias Gotthelf** Barthli der Korber **Berthold Auerbach** Barfüßele

ISBN 978-3-8430-1886-9, 452 Seiten, 29,80 €